高校"资助育人"理论与实践研究

姚文帅　范晓刚◎著

吉林出版集团股份有限公司
全国百佳图书出版单位

图书在版编目（CIP）数据

高校"资助育人"理论与实践研究 / 姚文帅，范晓刚著 . -- 长春：吉林出版集团股份有限公司，2023.6
ISBN 978-7-5731-3915-3

Ⅰ.①高… Ⅱ.①姚… ②范… Ⅲ.①高等学校—助学金—学校管理—研究—中国 Ⅳ.① G649.20

中国国家版本馆 CIP 数据核字（2023）第 126457 号

高校"资助育人"理论与实践研究
GAOXIAO "ZIZHUYUREN" LILUN YU SHIJIAN YANJIU

著　　者	姚文帅　范晓刚
责任编辑	关锡汉
封面设计	李　伟
开　　本	710mm×1000mm　　1/16
字　　数	206 千
印　　张	11.75
版　　次	2024 年 1 月第 1 版
印　　次	2024 年 1 月第 1 次印刷
印　　刷	天津和萱印刷有限公司

出　　版	吉林出版集团股份有限公司
发　　行	吉林出版集团股份有限公司
地　　址	吉林省长春市福祉大路 5788 号
邮　　编	130000
电　　话	0431-81629968
邮　　箱	11915286@qq.com
书　　号	ISBN 978-7-5731-3915-3
定　　价	71.00 元

版权所有　翻印必究

作者简介

姚文帅 男，汉族，哲学博士、副教授，硕士生导师。主要从事马克思主义哲学、民族政治学、价值学的教学与研究。讲授马克思主义哲学原理、马克思主义哲学史、马克思主义哲学经典著作选读等课程。主持内蒙古社科规划办项目1项，中央高校基本科研项目1项，自治区青年项目1项，内蒙古师范大学引进高层次人才科研启动经费项目1项，主要参与人参与国家项目2项，自治区规划项目1项。近五年在《人民论坛》《学术界》《贵州民族研究》等刊物上发表论文10余篇。

范晓刚 男，汉族，助理研究员，1987年8月生，内蒙古呼和浩特市人，2010年7月加入中国共产党，2010年12月参加工作，毕业于北京师范大学，硕士研究生。现任内蒙古师范大学马克思主义学院团总支书记、辅导员、工会主席。长期从事马克思主义理论研究生辅导员工作和学生思想政治教育工作。

近五年，发表学术论文5篇，参与省部级课题1项，主持校级课题2项。获全国三等奖1项，全国优秀奖1项；厅局级一等奖1项，优秀奖2项，优秀精品示范课1项；校级奖励6项。其中：

主讲《主线思维清晰梳理十九大报告中的"八个明确"和"十四个坚持"》获2021年全国高校思想政治工作"金微课"三等奖；

主讲《历史为什么选择了中国共产党》获得2023年第六届"全国高校网络教育优秀作品推选展示活动"优秀奖；同时获得2022年全区党史微课一等奖，获批自治区优秀精品课程。

作品《党员的誓言（短视频）》获得2020年全区高校思想政治理论课优秀成果奖。

代表作：《我国高校思想政治教育的经验、挑战及对策》《内蒙古师范大学体质健康测试方法的探究与创新》。

2019年获校级优秀辅导员称号。

2021年获校级辅导员大赛三等奖。

2019年、2020年、2021年连续三年获校级"三下乡"优秀辅导教师称号。

主讲课程：《形势与政策》《大学生就业指导》。

前　言

　　高校资助育人核心是"人"，方法为"资"，根本在"育"，是解决思想问题和实际问题相结合、实现尊重个体与面向社会相统一、着眼当前问题和长远发展相统筹的一种育人方式。当前，高校资助育人面临育人体系发展不平衡、育人队伍建设不完善和体制机制保障不充分的现实问题，迫切需要打造区域性、全国性资助育人共同体，不断推动育人队伍专业化发展，完善育人长效机制建设，并聚焦精准资助育人，提升高校资助育人实效。

　　全书共七章。第一章为绪论，主要阐述了高校资助育人的核心概念、高校资助育人的突出问题、高校资助育人的重要意义三方面内容；第二章为高校资助育人的现状分析，主要阐述了高校资助育人的发展机遇、高校资助育人的主要成就、高校资助育人存在的问题三方面内容；第三章为高校资助育人的理论基础，主要阐述了高校资助育人的现实依据、高校资助育人的理论依据两方面内容；第四章为高校资助育人的结构功能，主要阐述了高校资助育人的要素、高校资助育人的特征、高校资助育人的功能三方面内容；第五章为国外高校资助育人工作与启示，主要阐述了国外高校资助育人工作理念、国外高校资助育人工作模式、国外高校资助育人工作启示三方面内容；第六章为高校资助育人的运行保障，主要阐述了高校资助育人的制度保障、高校资助育人的组织保障、高校资助育人的管理保障三方面内容；第七章为高校资助育人的发展策略，主要阐述了高校资助育人的发展趋势和高校资助育人的基本对策两方面内容。

　　为了确保研究内容的丰富性和多样性，在写作过程中参考了大量理论与研究文献，在此向涉及的专家、学者表示衷心的感谢。

　　最后，限于作者水平，加之时间仓促，本书难免存在一些不足，在此，恳请同行、专家和读者朋友批评指正！

目 录

第一章 绪 论 ·· 1
   第一节 高校资助育人的核心概念 ·· 1
   第二节 高校资助育人的突出问题 ·· 11
   第三节 高校资助育人的重要意义 ·· 15

第二章 高校资助育人的现状分析 ·· 23
   第一节 高校资助育人的发展机遇 ·· 23
   第二节 高校资助育人的主要成就 ·· 27
   第三节 高校资助育人存在的问题 ·· 34

第三章 高校资助育人的理论基础 ·· 49
   第一节 高校资助育人的现实依据 ·· 49
   第二节 高校资助育人的理论依据 ·· 53

第四章 高校资助育人的结构功能 ·· 65
   第一节 高校资助育人的要素 ·· 65
   第二节 高校资助育人的特征 ·· 73
   第三节 高校资助育人的功能 ·· 76

第五章 国外高校资助育人工作与启示 ·· 91
   第一节 国外高校资助育人工作理念 ·· 91

  第二节 国外高校资助育人工作模式……94
  第三节 国外高校资助育人工作启示……104

第六章 高校资助育人的运行保障……107
  第一节 高校资助育人的制度保障……107
  第二节 高校资助育人的组织保障……119
  第三节 高校资助育人的管理保障……123

第七章 高校资助育人的发展策略……136
  第一节 高校资助育人的发展趋势……136
  第二节 高校资助育人的基本对策……144

参考文献……177

第一章 绪 论

高校针对家庭经济困难的学生开展相应的资助和培养，是高等教育的一项重要政策。资助育人工作能够改善学生的生存困境，甚至改变学生的前途命运，让学生能够成为家庭发展的关键因素，有效促进社会的和谐发展。在高校日常管理工作中，如何有效地解决贫困学生受教育问题，是高校育人工作的关键。为了做好精准帮扶，实现学生人生的发展，促进教育公平、高效，必须将资助育人工作作为完善管理制度、提高教学公平性的前提。本章分为高校资助育人的核心概念、高校资助育人的突出问题、高校资助育人的重要意义三部分，主要包括资助育人的概念界定、高校资助育人的核心意蕴、学生层面、高校层面、社会层面等内容。

第一节 高校资助育人的核心概念

一、资助育人的概念界定

（一）资助[①]

1. 资助的定义

资助（Financial Aid）从语义学来理解有两种定义：一是帮助、提供，指一种广泛意义的帮助；二是用财物帮助，指特定的资金援助。我国现行资助体系中的"资助"采用的是第二种解释，即用财物帮助。资助的主体是多元的，一般指政府、高校、社会组织以及个人，资助的对象则是指接受资助的群体。资助作为一种经济帮扶手段，目的是实现资源的合理有效配置，体现社会公平，促进和谐社会构建，促进个人全面发展。因此，从狭义上解释，高校资助工作指的是帮助学生完成学业的一种经济帮扶手段；从广义上解释，高校资助工作不仅包括狭义

[①] 牛肖晗. 高校大学生发展型资助的德育功能研究 [D]. 武汉：湖北工业大学，2021：09.

的经济帮扶，而且包括在资助过程中以促进受资助者全面发展为目的所进行的一系列资助帮扶活动。

目前，高校大学生资助项目的类型主要可以分为以下几种：一是用于奖励特别优秀的学生，主要包括国家奖学金和学业奖学金；二是用于奖励品学兼优且家庭经济困难的学生，即国家励志奖学金；三是用于资助家庭经济困难的学生，主要包括国家助学金、助学贷款、绿色通道以及学费减免；四是用于资助特殊的大学生群体，如退役士兵教育资助、师范生免费教育以及学费补偿贷款代偿；五是学生可以靠课余时间通过劳动取得合法报酬的"三助"岗位和勤工俭学。

2. 高校资助的相关内涵[①]

（1）高校资助工作政策体系

国务院在2007年5月印发了《关于建立健全普通本科高校、高等职业学校和中等职业学校家庭经济困难学生资助政策体系的意见》，意味着我国对学生的资助工作发展到新阶段，这也是国家对于学生资助系统的全面健全阶段，是学生资助工作获得世界瞩目成就的时期。从多年的努力能够了解到，我国多种学生资助政策从多个层面，如资助对象、资助范畴、资助力度等实现飞跃。我国学生资助项目越来越多，资助面也日渐宽广，逐步形成了以政府为主导、学校和社会积极参与的覆盖学前教育至研究生教育的学生资助政策体系，将"三个全覆盖"逐一实现，从制度上对"不让一个学生因为家贫而失学"予以保证，实实在在降低了贫困家庭的经济负担，极大地增强广大人民群众的收获感，进而为家贫学生追求梦想提供了有力保障。

在高校，学生资助工作功能分工相对明确，一般由高校学生工作部门下设的资助管理中心负责牵头，各基层学院辅导员老师负责具体的通知、解释、帮助申报等工作。

整个本科教育时期，组建了国家奖学金和励志奖学金、助学金、助学贷款以及基层就业学费补偿贷款代偿、师范生公费教育、新生入学资助、退役士兵学费资助、勤工俭学、校内助学金、生活补助等有机结合的助学政策体系。

①国家奖学金：经由中央政府出资设立，用于奖励高校全日制在校本专科生中尤为优秀的学生，具体目的在于对大学生学习进取、实现全面发展予以激励。

[①] 杨静. 高校学生资助的思想政治教育功能研究[D]. 南京：南京工业大学，2020：13-16.

②国家励志奖学金：由中央和省政府出资，应用在对高校全日制在校本专科生中学习成绩优异，但是家境不好的学生提供奖励，其目的在于实现大学生学习进取，实现全面发展。

③国家助学金：经由中央和省政府一同出资设置，应用于对高校全日制本专科生中家境不好学生的资助，其目的主要是帮助他们顺利完成学业。

④新生"绿色通道"：新生"绿色通道"是高校为无法按时、足额缴纳学杂费的家庭经济困难新生所开设的快捷入学通道。家庭经济困难新生到校后，可通过"绿色通道"直接办理入学，校方在之后遵照学生的具体情况，提供多种形式的资助。

⑤校园地国家助学贷款：高校校园中国家助学贷款经由政府主导和财政补贴、高校一同提供给银行一些风险补偿金，教育部门、银行和高校一同操作，助力高校贫困生为在校期间学习的学费、住宿费支付银行贷款。校园中国家助学贷款属于信用贷款的一种，学生不要求提供担保或是抵押，不过需要遵守协议按期还款，担负起相应的法律责任。

⑥生源地信用助学贷款：生源地信用助学贷款是国家开发银行等金融机构为符合条件的贫困生下发的，学生和家长在入学前户籍所在地的学生资助管理中心、金融机构等申办的，助力家庭贫困的学生付清在校学习期间的所有学费和住宿费用。生源地信用助学贷款属于信用贷款不要求担保或是抵押，学生和家长一同属于借款人，一同担负起还款责任。

⑦本科学生校内奖学金：本科学生校内奖学金是学校为坚持贯彻党和国家教育方针，激发学生积极努力、刻苦学习等主动性，合理培养出具备时代精神和创新能力的社会主义新接班人，让学生的整体素质得到提升，并且鼓励学生在多层面获得成绩，强化学生的竞争和成才等意识而设立的。

⑧本科学生校外专项奖助学金：本科学生校外奖助学金是由热心教育事业，关爱高校学生的社会团体、企业、个人及校友在高校设立的奖助学金，一般一学年评选一次，奖助金额不等，奖助对象各不相同。

⑨学生困难补助：困难补助是指学校出于助力少部分家庭困难或学生在校学习期间因发生特殊困难，无法坚持正常学习和生活的学生顺利完成学业而设立的补助。

⑩学费减免：学费减免分为家庭经济特别困难学生学费减免和专项政策学费减免，其中家庭经济特别困难学生学费减免是学校为帮助经济确有困难、品学兼优的学生顺利完成学业制定的资助政策。专项政策学费减免是国家和各级政府为引导和鼓励学生积极响应相关政策而制定的资助措施。

⑪退役士兵学费资助：退役士兵学费资助是国家为提高退役士兵就业能力，使更多士兵在退出现役后能够接受系统的高等教育，针对考入全日制普通高校的就业退役士兵进行的教育资助策略。

⑫应征入伍服义务兵役（直招士官）学生学费补偿、贷款代偿、学费资助：应征入伍服兵役的学生学费补偿和贷款代偿、学费资助都是国家想要做好国防和军队现代化建设，对高校学生主动参军入伍，提升兵员质量的对策。

⑬困难学生参加城镇居民医疗保险保费减免：困难学生参加城镇居民医疗保险保费减免是国家为帮助困难学生顺利参保而实施的资助政策。

⑭勤工助学：勤工助学是高校为拓宽和完善贫困学生帮扶机制而设立的资助政策。校方积极为贫困生提供勤工俭学的岗位，助力他们实现自立自强，透过劳动收获对应的报酬，处理好生活和学习的一些费用，推进其顺利将学业完成。与此同时，助力他们深入接触社会，强化劳动和自立自强等观念意识，促进他们的身心健康发展。

（2）高校学生资助的工作特色

高校学生资助的目的在于保障学生群体的基本教育权利，有向学生提供现金的直接资助，如奖助学金等，也有不直接提供现金，使学生通过一些特殊的渠道和措施获得经济补偿的间接资助，如医保减免政策等。高校学生资助的对象一般为"家庭经济困难学生"，即指"学生无法满足在校期间的学习和生活基础性支出的学生"。

高校学生资助工作的主要做法有以下三种：

①突出资助管理工作，努力构建科学、可行、合理的管理模式。高校资助工作是一项复杂的工程，在家庭困难生筛查、资助材料的审核、贫困生的等级认定、困难学生的资助金的发放等过程中，都有赖于学校管理者、校级层面资助工作者、各学院辅导员、各班级班长、各班级生活委员各方面协调合作，才能完成资助管理工作。其中，最重要的就是家庭经济困难学生的认定过程，一般由学生本人向

学院提出申请，填写上交申请表等相关材料给学院，并登陆学生系统如实填写家庭情况，学院辅导员登录系统对学生申请内容进行核实、确认，组织班级评议小组在系统中对申请学生日常消费情况进行评议并打分，学院辅导员根据对申请学生日常消费及家庭经济情况的了解，在系统中填写学院综合评价分，学院辅导员根据所管理年级申请学生得分高低进行排序，按一定比例对申请学生进行登记确认，并将初定确认等级以适当方式、在适当范围内进行公示。学校学生资助管理部门在系统中合适学院审核通过并提请名单，进行最终审核评定，报学校学生资助工作领导小组审批，将审批结果在管理系统中登记。

②创新精准帮扶工作，发挥政府、学校、家庭、学生的协同作用。高校资助的基础是政府拨款和学校模块化分配，在学校总体预算中会单独列支出，即学校困难经费。这两项资助往往占到了学生资助的很大比重，社会和个人等群体针对困难生的资助相对较少。困难学生的家庭由于各种原因，对于学生的教育基本上是处于缺位的状态。在现行的模式下，政府、学校、家庭、社会在高校学生资助的问题上基本上处于相互隔离的状态。现在高校资助工作，很多都在探索走出这一困境，都在探求建立以政府和学校为主导，家庭和社会为补充的共治管理模式，促使困难生良性发展、优势互补，发挥协同作用。

③建立学生资助组织，实现自助、他助、互助相结合的育人模式。目前，一些家庭经济困难学生在群体认同和自我认同之上，积极组建带有公益性和发展性的学生社团，实现自助、助人和他助等活动。在组织中，学生可以利用座谈交流会、微信朋友圈、QQ、微博等平台进行线上线下的互动交流，可以树立符合统一的优秀典型榜样人物，激励学生养成自律品质，引导学生勤奋学习与勤工助学相结合，学校资助和自我成长相结合，破除心理困难、提高学习成绩、顺利完成学业，实现人生价值。

（3）高校学生资助的新特点

①高校资助对象有所变化。在网络的影响下，资助对象的行为特性和思想观念等出现较大变动，这属于网络时代贫困生的独有变化。诸多特性的形成受到下述几点影响：其一，资助对象受到社会主流价值观的影响。这点是贫困生的变动主因，针对资助对象的思维模式和情感目标等影响最大，带有突出的社会化特性。其二，贫困生因为市场经济的作用，重要表现就是物质主义针对资助对象出现了

许多负面影响，致使对社会主流价值观出现了动摇和误解。其三，资助对象会在受到的文化圈里出现群体化价值认同。三种因素的共同作用下，资助对象也慢慢形成了特别的价值观和情感诉求，呈现的是融合趋势、对抗的双重现象，进而组建起了贫困生矛盾心理。总而言之，大多数的资助对象存在确切的正向思想价值观，不过也存在少数贫困生被别的思想因素影响比较大，出现一些极端思想、行为等。

②资助对象具有明显的心理差异性。诸多差异性透过下述几个层面合理表现：性别异同、区域异同、年级异同等。常规而言，男性资助对象相较于女性资助对象更易焦虑，低年级的资助对象相较于高年级的资助对象更易焦虑。和别的群体交流上，男性比女性更保守，城市资助对象比低年级更显不安和迷茫，这一点在农村表现得更明显。在关注问题上，年级异同更明显，低年级的资助对象关注的问题是对于校园环境和生活的适应性，高年级资助对象对于未来的就业更为关注。除此之外，诸多资助对象透过网络将自身经济压力缓解，想在虚拟中找到新定位。网络尽管能够为贫困生提供一些情绪缓解渠道，也会对其成长有所阻碍，要求多关心。

（二）育人[①]

基于对"育"的词义分析，我国文化传统语境中"育人"之基础内涵包括以下两个维度：

1. 育人是一个过程

育人包含两个方面：一是育人是传递或是生命延续的过程。从"育"的最初之义可知，母亲将生命传递给了小孩，小孩因母亲而获得生命。二是育人是生命生长的过程。"育"的本意包含两种生命形态，即母亲的成熟形态与小孩的未成熟形态，显然母亲也是由小孩成长而成，因此，每一次"育"即是一次对生命从不成熟向成熟生长的复演。

2. 育人是一种活动

根据育人主体划分，育人活动也包含两种类型：一是基于血缘关系的育人活动。这是从"育"的本义出发而得，其通俗表述为"养育人"，是亲对子的抚养、

[①] 胡绪. 教师一般育人能力及其发展研究[D]. 重庆：西南大学，2021：46-48.

教育活动。二是基于社会伦理关系的育人活动。这是根据国家、社会、人类自身发展需要，以有制度设计与实施为主要特征的专门培养人的活动，如古时的"庠序之教"和现在的学校教育。

由上可见，"育人"的历史本源形态呈现多元主体的合目的性。以今而论，多元主体包括家长、教师、学校、教育行政部门，目的性表现为促进学生的生长。

鉴于此，当我们欲定义"育人"时，必须明确如下基本问题：

第一，"育人"的主体是谁？其育人途径是什么？这两个问题的意义不仅在于明确教师是育人的主体，更重要的是揭示教师"以何"实现对落实立德树人根本任务与培育全面发展的人的遵循。在整个教育体系中，由于职责分工不同，教育主管部门、学校管理者、教师等皆有其特定的育人职责。教育主管部门以制度设计、体制建设、领导管理等为主要责任，实现对落实立德树人根本任务与培育全面发展的人的遵循；学校管理者以完善学校管理制度、创新学校育人理念、优化学校育人环境等实现对落实立德树人根本任务与培育全面发展的人的遵循；教师则需要通过教育教学实践活动来实现对落实立德树人根本任务与培育全面发展的人的遵循。

第二，对主体而言，促进学生生长有什么内涵？这与前述问题一脉相承。对教育主管部门而言，"促进学生生长"主要意味着丰富学生德、智、体、美、劳全面发展的途径，实现学生全面发展的目的；对学校管理者而言，"促进学生生长"意味着学校遵循国家教育制度，丰富学校育人手段，实现学生全面发展。这两者的共性是皆持总体的生长观，因此，"促进学生生长"更多地指向学生集体的生长、共性地生长。对教师来讲，个体的生长、个性的生长更为重要，因为教师是在与具体人的直接交往中育人。

因此，教师的育人是指向夯实学生在德、智、体、美、劳每个方面，以及整体上获得发展的基础。这个基础的作用，一是串联"五育"，二是成为发展每一育的完整基础。换言之，这个基础具有促进学生发展而成人的一般品性。以此为基准，就不难发现"人格"就是这个基础。因为，无论从哲学的角度，还是心理学的角度，人格是人之为人的基础。诚如叔本华所言："人是什么，他本身所具有的一些特质是什么，用一个字来说，就是人格。""从人格的广泛意义来说，人就是人格；其中包括着健康与精力、美与才性、道德品性、智慧和教育等。"基于人格心理学研究成果，人格是人的认知、情感、行为的稳定统一。

一般认为，人格是个体在行为上的内部倾向，表现为个体适应环境时的能力、情绪、需要、动机、兴趣、态度、价值观、气质、性格和体质等方面的整合，它具有整体、独特、稳定、发展以及社会性等特征。因此，教师在育人活动中促进学生生长必然指向学生完整人格的发展，这与教师促进学生全面发展的理念相一致。

基于此，育人是指教师以精神、道德、知识等人类优秀文化成果培育学生而帮助学生成为具有健全人格的人的过程。此定义注重育人的过程属性，因此其并不以将学生培育成为具体的某种实用人才为直接目的。因为过于强调育人活动的结果不仅导致了教育中教条主义，而且不合育人过程与儿童生长过程一致的基本规律。简言之，"人格发展"是目的，而不只是"人格"。同时，此定义也强调以合适的育人内容对实现育人目的的重要性。一方面，学生人格的发展具有文化属性，受人类精神、道德、知识等文化因素的引导与熏染，故而，一定的教育目的的实现需要以适当的育人内容为介质；另一方面，以精神、道德、知识等人类优秀文化成果为育人内容，也是对"育人"传递属性的彰显。从此层意义而言，这里的育人内涵与国家、社会等对人的要求并不相违背，不仅如此，这里的"育人"因把握了"人"是育人的中心，进而更接近"育"所蕴含的人对人、生命对生命的影响之本质，是可以作为教师发挥育人主体作用的最优选择。

（三）资助育人[①]

李林伟认为的高校资助育人工作应该包括"补贴政策的稳定与和谐""资助育人的有序沟通""资助育人工作中对于贫困学生的有效识别""理性实现贫困学生的权力和利益和财务结果的继承和发展援助"。清华大学的向辉提出："挖掘资助教育的内涵，我们应该坚持普遍性与特殊性相结合的原则，也就是说，教育财政援助的效果不仅要符合整体教育学院和大学的目标，而且也要反映财政援助工作本身的特点。"高校的教育工作应该使学生思想和行为合一、德才合一、态度和能力合一。资助工作的教育内涵也要实现两者的统一。"教育教育在资助过程中不仅有利于资助工作的顺利进行，也有利于大学生的健康发展和全面发展。"

[①] 宋海冰. 新疆高等院校资助育人体系完善研究[D]. 乌鲁木齐：新疆大学，2021：10-11.

研究人员认为，资助必须与教育相结合，以使资助的有效性最大化。经济资助过程中的教育教育体现了社会、国家和学校对受助人的人文关怀，是对学生言行进行道德教育的过程。

二、高校资助育人的核心意涵

（一）解决思想问题和实际问题相结合

解决思想问题和解决实际问题相结合是我党开展思想政治工作的一条重要原则，也是资助育人的特殊本质和内在规定。

资助育人归根结底是做人的工作，人既有思想问题又有实际问题，解决人的思想和实际问题是资助育人的应有之义。

在解决思想问题上，高校资助育人以育人为导向，不断落实立德树人的根本任务。教育部党组印发的《高校思想政治工作质量提升工程实施纲要》指出："把扶困与扶智，扶困与扶志结合起来，着力培养家庭经济困难学生自立自强、诚实守信、知恩感恩、勇于担当的良好品质，形成'解困—育人—成才—回馈'的良性循环。"

高校资助工作始于资助，根在育人。我国高校资助工作在立足公平精准基础的同时，更加注重家庭经济困难学生的人格养成、素质培育、精神追求，资助工作的育人导向不断明晰、育人功能不断彰显。资助育人布局与思路演进的过程是立德树人不断融入和深入的过程，更是立德树人引领作用不断强化的过程。在资助育人工作中，学校不仅通过助学贷款来帮扶学生，而且有如提供勤工岗位等方式为贫困学生提供帮助，这就让被资助的学生不仅在物质上，而且在精神上都感受到国家、社会和学校对他们的关爱，从而让他们自发坚定学习的信念，不仅提高自身的知识文化素质，而且要建立良好健全的价值观念和道德品质。在解决实际问题上，一直以来，我国高校资助工作通过不断完善奖、贷、助、补、勤、减、免的资助体系，重点关注家庭经济困难学生的解困问题，旨在实现不让一个学生因为家庭经济困难而失学的目标。"发展着自己的物质生产和物质交往的人们，在改变自己的这个现实的同时，也改变着自己的思维和思维的产物。"[1]

---

[1] 练庆伟. 乡村振兴中农村精神文明建设研究 面向农民日常生活的视角 [M]. 太原：山西教育出版社，2022.

因此，提升人的思想要通过改善人的物质生活条件及其交往方式来实现。经济上的帮扶，是资助育人实现个人发展最有效的手段和最直接体现，要特别注意"加强隐形资助与有偿资助"，从而优化资助育人方式，最终促进资助和育人"二者融合于学生价值观念健康发展这一宗旨"。

（二）实现尊重个体与面向社会相统一

高校资助育人在价值取向上坚持社会性与个体性的统一，将国家利益与个人利益、社会价值与自我价值有机结合起来。新时代高校的资助育人是关于人的全面发展理论的生动体现，也是促进个人发展与社会进步相统一的有效手段。通过资助育人实现个人发展和社会进步的统一，是符合马克思主义关于人的全面发展理论、符合中国特色社会主义道路的，有其内在逻辑和实现路径。资助育人不仅是推动个人发展的手段，更是推动社会进步、实现社会公平的有效方式。

尊重个体意味着要正确认识和科学把握家庭经济困难学生的多样性需求。马克思认为人的需要即人的本性，他说，"任何人如果不同时为了自己的某种需要和为了这种需要的器官而做事，他就什么也不能做。"也就是说，资助育人工作只有充分考虑学生的需求与利益，才能赢得信赖和认同。在资助育人过程中，每个人的需要各不相同，这也导致个体的需要既有合理性需求，又有不合理性需求；既有共同性需求，又有差异性需求；既有低层次需求，又有高层次需求。这就要求对个人需求的引导要具体情况具体分析，兼顾层次性和多样性。虽然资助育人于每个家庭经济困难学生而言作用不同，但要基于不同学生的需求，提高供需的匹配程度，有针对性地开展。面向社会意味着一方面资助育人本身就是社会进步的重要表现，一个社会的公平与否，直接体现了一个社会发展进步的程度。资助育人最直接的目的就是"努力让每个孩子都能享有公平而有质量的教育"，资助育人不仅是国家脱贫事业的重要组成部分，而且是社会公平和社会进步的重要体现。另一方面，资助育人推动个人的发展来实现社会的进步，由部分的发展来带动整体的进步，这是唯物辩证法的生动体现。

（三）着眼当前困难和长远发展相统筹

高校资助育人需要持续发展、持久稳定。一方面，育人过程本就需要长时间坚持，不能一蹴而就；另一方面，受社会历史条件的制约和经济社会现实的发展的影响，资助育人的作用体现为多方面、多层次，长久看来，还需要对于资助的方式、家庭经济困难学生的心理状态、未来发展规划等进行关注和解决。着眼当前困难，解决学生的即时性问题。资助育人只有充分考虑学生的实际需求与利益，才能赢得信赖和认同。家庭经济困难学生进入高校之后，由于经济因素的制约，他们的发展支持成本不足，发展程度也会受到较大影响。资助育人工作要真正了解家庭经济困难学生的实际情况，不断调试具体目标、内容方法、机制载体等要素与学生自身的适应匹配程度，首先解决他们的经济困难，同时合理应对他们因经济困难而产生的思想问题和心理问题，及时减轻学生的思想负担，引导他们树立乐观向上、积极进取的人生态度。立足长远发展，服务学生持续性问题的解决。资助育人工作既要解决当前亟须解决的突出现实问题，也要着眼学生长远发展的素质提高和潜力发挥，把工作重心侧重于未来的长期规划上，注重对于受助对象专业技能、专业知识的培养，为其将来步入社会工作奠定良好的基础。关注受助对象自信心的培养，围绕学生的素质发展、能力发展和心理发展等构建更高层次的支持性系统，教育引导他们树立自立自强的意志品质。

第二节 高校资助育人的突出问题[①]

一、助困与育人的"两层皮"

党中央、国务院一直高度重视解决高校家庭经济困难学生的学习和生活问题，始终要求把解决经济困难学生问题提高到体现社会主义制度优越性的高度来认识，并为高校资助工作作出顶层设计。这具体表现为：在政策层面逐步引导高校资助工作模式从保障型向发展型转变，工作机制从阶段性向全过程性转变，工作体系从单一型向复合型转变等。教育部2019年工作要点中明确要求高校资助工作要强化资助育人理念，构建资助育人质量体系。不难看出，资助工作在帮助家庭经济困难学生实现经济解困的同时，还应牢固树立育人理念，密切关注受助学生群体的成长、成才问题。然而，在实际工作中，却常常出现助困与育人的"两

---

① 马晓燕. 新时代高校资助育人论要[J]. 东北师大学报（哲学社会科学版），2020（04）：176-182.

层皮"现象，集中体现为价值认知同向性不足、实践方式融合性不强、保障资源统筹性不够、评价标准一致性不足。

（一）从价值认知来看

在国家的大力扶持下，高校学生资助工作的资助覆盖面、金额数等物质供给大幅提升，然而，在全面落实物质资助的兜底保障下，育人功能却在一定程度上有所缺失。对于资助育人价值认知的差异性，或是对助困工作与育人工作价值同向性的认知缺失，使得一些高校资助育人工作停留在"助困"的行为本身，尚未充分意识到"育人"的本质要求。

（二）从实践方式来看

认知与实践存在着相互作用的关系。实际工作者对于资助工作育人功能的价值认知尚不全面且不充分，这直接影响到开展助困工作与育人工作的实践方式选择。当前，助困工作主要通过奖贷助勤补免、绿色通道等方式进行，而育人工作则主要以感恩教育、爱国教育、诚信教育等方式开展，可以说，二者实践方式的融合性不强，这使得资助与育人难以聚合，实效性欠佳。

（三）从保障资源来看

受到二者实践方式选择的影响，现阶段助困工作主要围绕经济与物质资助展开，以国家财政、社会捐赠与学校创收为主要保障，而育人工作则多依靠学校保障得以进行，不难看出，对于助困工作与育人工作的保障资源统筹性不足，尚未形成合力。

（四）从评价标准来看

当前各高校积极聚焦精准资助这一工作重点，在对象精准、标准精准、发放精准等方面取得一定成效，但是不可否认，也出现了"重物质资助精准性，轻精神帮扶精准性"等一系列问题。所谓"精准"，既体现在助困工作各个环节的精准之上，也要体现在对受助学生精神需求与人文关怀的精准之上。可以说，助困与育人的"两层皮"已经成为当前阻碍高校资助育人发展的重要影响因素。资助工作因扶困起，却不应局限于资助行为本身，只有"扶智"与"扶志"相互结合，才能从根本上实现扶困目标。

二、实践探索与理论研究的失衡

马克思主义实践观认为，实践决定理论是理论发展的根本动力，同时理论对实践有能动的反作用，理论产生的最终目的是更好地指导实践。毋庸置疑，全面发展高校资助育人，既需要资助育人工作的探索与实践，也需要资助育人理论的凝练与深化。若实践探索与理论研究脱节过大，那么极易造成高校资助育人实践工作发展难以持续、模式难以创新、资源难以统筹、功能难以互补等一系列问题。资助是手段，育人是目的，只有二者在理论与实践双重维度上同向同行，齐头并进，才能使高校资助育人工作的内涵更加丰富与完整、效果更加突出与显著、发展更加科学与持久。然而，从发展势态、成果产出、队伍建设等方面，都显见资助育人理论研究的薄弱与不足。

（一）在发展势态上

这种失衡表现为问题繁杂多样但应对策略不够。新时代高校资助育人实践正在由保障型向发展型转变，致力于推动育人工作模式更加规范具体、内容更加丰富多样、方法更加科学灵活。与此同时，作为"十大育人体系"中的重要一维，高校资助育人被赋予了更加明确的物质帮助、道德浸润、能力拓展、精神激励等功能。新使命、新要求也带来了新问题、新挑战，高校资助育人实践正面临着一系列多样化、复杂化、多变化的问题。那么有效破解问题的关键，就在于能否对矛盾问题进行精准抓取、本质把握、规律探究，进而形成有效策略。然而事实上，由于理论研究本身对真理性、全面性、逻辑性的客观要求，使得研究过程相对缓慢，一定程度上不能及时满足解决实际问题的现实需求。

（二）在成果产出上

这种失衡表现为实践经验丰富但理论凝练不够。资助工作经过长期的实践探索，现已形成模式多元、方法多样、机制多维等特征。部分高校结合实际工作，积极开展经验梳理、特色概括、规律总结，并形成一定成果。具体而言，这些成果包括提出围绕"精神追求、人格养成、素质培育"的因材施教理念，构建"经济资助、心理辅导、精神帮扶、学业指导、能力提升"的发展型资助体系，"先自助、后资助"的育人模式等。但是不可否认，"重经验总结，轻学理研究"的现象十分凸显。纵观当前研究成果发现，学界对资助育人基本内涵、价值基础、功能发挥等内容尚未形成共识，对育人机理、逻辑、向度等问题的探究基本空白。成果很大程度上难以直击矛盾问题本源，有效性欠佳。

（三）在队伍建设上

这种失衡表现为总量相对充足但专业化程度不高。当前，大多数高校资助育人工作由学生资助管理中心（办公室）统筹规划并带动实施，学生工作队伍具体落实，可以说人员总量相对充足。但是受到时间精力分配、专业对口程度、个人学识素养等因素的影响，资助育人专兼职人员的育人专业化程度差异较大，其绝大多数在开展理论研究方面具有一定困难。此外，教学队伍作为理论研究的重要成果产出力量，囿于研究与教学任务繁重、个人研究方向固定等因素，只有少数研究者能够把主要精力置于资助育人相关主题研究上。

三、主体内在需求与外部资源供给的失调

马克思认为，人的需要即人的本性。高校资助育人工作出发点和落脚点都是家庭经济困难学生，因此在具体实践过程中要充分结合受助学生的实际需求，通过精准识别需求、科学配置资源、有效实施策略，全面破解由经济困难而引发的一系列问题。因此，如何把握经济困难学生内在需求，实现资源合理配置，成为教育扶贫攻坚战的重要环节。然而，当前在受资助对象实际需求与育人机制之间却存在着一定的矛盾，成为影响实现育人本质的重要因素。

受资助对象内在需求多样与外部资源供给形式单一之间的矛盾冲突。虽然"贫困"是受助学生群体的共同问题，但是对于每个个体而言，原生家庭情况、个体内在发展等差异性因素，导致了家庭经济困难学生个体需求各异。从原生家庭角度看，家庭区域性、贫困根源性等差异及由经济困难衍生出困难的差异，导致家庭经济困难学生的需求差异。从个体成长角度看，家庭经济困难可能造成学生学习困难、心理自卑、性格内向、思想自馁、行为自弃等一系列问题。此外，由于学习资源的不平衡不充分，家庭经济困难学生也可能会在专业课、外语、计算机、体育运动、社会实践等方面遇到多种多样的问题。然而，当前高校资助育人机制较为单一，主要是通过教育讲座、实践活动、志愿服务等方式进行道德浸

润、能力拓展与精神激励。此类"广谱式"机制能否满足，在多大程度上可以满足经济困难学生的多样化需求，都是值得我们深入探讨的问题。

受资助对象内在需求多变与外部资源供给机制固化之间的矛盾冲突。学生群体性与个体性需求多变，引起了家庭经济困难学生的实际需求多变。家庭经济困难学生作为大学生群体的组成部分，可能在学习、心理、思想、交往等方面存在问题，不同时期困扰学生的主要问题也随之而变，例如，入学适应、学业压力、就业困难等。因此，资助育人应当助力家庭经济困难学生摆脱最为迫切的困扰问题。当前在育人理念尚未普及、育人理论尚未深化、育人资源尚不充盈的情况下，大部分高校仍处于落实物质资助这一兜底保障阶段。对于已经关注资助育人的高校而言，资源相对需求仍然是有限的，尚未根据学生主体内在需求制定针对性、发展性的外部资源供给机制。

第三节　高校资助育人的重要意义

一、学生层面

（一）有利于促进大学生成长成才[1]

对大学生个人来说，学生资助的最终目的在于帮助家庭经济困难学生成长成才，使他们共同享有人生出彩的机会，梦想成真的机会，同祖国和时代一起成长和进步的机会。一方面，高校通过多种资助形式，解决受助学生的经济困难，满足学生低层次的物质需要，帮助他们顺利完成学业；另一方面，高校通过开展丰富多彩的育人活动，也可以满足受助学生个性化的发展需求，积极引导他们实现人生价值。

---

[1] 马金丹，李银霞. 浅析新形势下高校资助育人中的问题及对策[J]. 佳木斯职业学院学报，2022，38（06）：68-70.

（二）有利于培育大学生健全人格[①]

从教育伦理学来分析，健全的人格对于贫困大学生意义重大，是人之所以为人的生命伦理内在规定性，是一个人做人的人格尊严、人格价值和人格品质的总和。高校资助育人是深入经济贫困大学生人格结构中的一股重要潜在力量，影响着经济贫困大学生的人生态度和人生目标，具有重要的人格培育作用和价值导向功能，在一定意义上影响着经济贫困大学生健全人格的养成。从更深的视域分析，在价值多元化时代，一旦经济贫困大学生没有形成正确的个体人格原值和标准，就易于形成狭隘、敏感的人格特征，就非常容易滑向人格相对主义、人格私利主义、人格伦理失序的风险。为了在经济贫困大学生资助工作中避免这一极端人格现象的发生，需要通过开展高校资助育人实践，帮助经济贫困大学生走出狭隘的人格个人主义观，在人格价值原值和人格价值标准等问题上形成正确的自我认知，追求经济贫困大学生个体与环境、与社会的最佳状态，形成良性人际关系，进而不断健全完善经济贫困大学生的道德人格。

（三）有利于精准满足大学生相关需求[②]

多元资助育人模式的构建，不仅仅是为了持续加大资助育人的工作力度，拓宽工作覆盖范围和规模，更是为了精准识别和满足不同学生的实际困难和资助需求。在识别上，多元资助模式将进一步畅通家庭、学校、政府和社会等多主体间信息资源的沟通渠道，共享学生家庭收入、个人消费、奖助贷等情况数据，可以从多维度、多层次、多标准对学生进行合乎实际的全方位、个性化"资助画像"，避免了信息不对称带来的不确定因素。在实施上，多元资助模式将根据学生个人发展及资助需求的差异性特点，选择实施不同手段、方式的资助工具，并依据互联网技术进行资助动态跟踪和补偿，也可以更加注重对受资助学生思想意识、心理健康的培养，确保学生的实际需求得到全面和持续的满足。

[①] 胡婷，肖莉娇. 高校资助育人的功能机制与实践路径[J]. 科技资讯，2021，19（29）：147-150.

[②] 王贝贝，刘海明. 精准资助背景下高校多元资助育人模式的构建[J]. 煤炭高等教育，2021，39（06）：89-94.

(四)有利于加强大学生思想政治教育[①]

党和政府高度重视当地大学生的思想政治教育,为了促进学生的全面发展,国家始终把培养人才放在第一位。相关政府部门下发的相关政策中明确提出,要把资助和育人有效结合起来,在解决学生贫困问题的同时加强思想政治教育,培养学生勤奋好学、团结互助、艰苦奋斗的精神。教育部门为了提高高校人才的培养能力,有效促进高校思想政治工作的质量,明确提出了要构建高校思想政治工作质量体系,实现育人格局全员全方位化。教育的根本任务是培养全面发展的现代化社会主义接班人,而在理想信念教育和品德教育中,资助育人是重要的组成部分,在立德树人的核心理念下有着重要作用。

(五)有利于培养大学生优良的心灵秩序[②]

高校资助育人的主题,就在于帮助经济贫困大学生实现对自我能力的突破与超越,在深层次上,而自我突破与自我超越体现为经济贫困大学生优良心灵秩序的真正养成。在此意义上,高校资助育人表征的是经济贫困大学生成长过程中的心灵价值意义,彰显的是经济贫困大学生主体的心灵本位价值、心灵优先价值、个体心灵幸福权利等。而在高校具体资助工作中缺少优良心灵秩序关怀、呵护的大学生,则会产生一种被抽空心灵秩序的感觉,形成一种"否定自我"的心灵空壳,从而使经济贫困大学生处于一种"非秩序性的心灵存在"状态。就实质而言,高校资助育人的过程,就是作为鲜活个体的经济贫困大学生切实体验生动而充实的思想政治教育的过程,是高校资助育人实现全员、全程、全方位育人的过程,是确立育人为本的过程,从而帮助经济贫困大学生形成优良心灵秩序的过程。

(六)有利于促进贫困大学生的身心健康发展[③]

高校资助育人工作既注重物质上的资助,更重视精神上的育人,高校资助育人工作就是通过为贫困学生提供接受教育的机会,引导其成为具备扎实学业与良好品德的优秀人才。调查显示,高校资助的困难学生群体既面临着巨大的经济和

[①] 李萱. "三全育人"背景下地方高校资助育人工作探究 [J]. 就业与保障, 2021(13): 175-176.
[②] 胡婷,肖莉娇. 高校资助育人的功能机制与实践路径 [J]. 科技资讯, 2021, 19(29): 147-150.
[③] 任佳妮. 高校资助育人成效的提升路径分析 [J]. 大学, 2021(06): 77-78.

生活压力，也存在着一定的负面情绪和自卑心理。而高校资助育人通过开展实际帮扶工作，既帮助这些困难学生缓解了经济上的压力，使其得到了在校学习的机会；又针对这部分学生的心理问题提供了一定的帮助和引导，强化了对这部分学生自信心、感恩意识、自强精神的培育。将物质资助逐步转化为提供精神动力，引导学生通过努力学习改变个人命运，通过实现自我抱负来回馈国家的帮助，从而切实提高了学生的综合素质，实现了困难学生的身心健康发展。

（七）有利于帮助贫困大学生树立正确的价值观[①]

立德树人一直是教育的重点，在高校，应将思想政治教育工作贯穿于教学的全过程，要落实全方位育人工作。在高校着力对贫困学生进行资助，就是将思想政治教育在其中融入的一个体现。通过资助，学生可以感受到党和国家对他们的关注，学校对他们的期望，逐步形成一种感激之情、感恩之心，能够树立正确的"三观"，做社会中积极的传播者。比如高校会积极地挖掘贫困家庭中学习表现优异，自强自立学生的事迹，对这些事迹进行宣传报道，形成一个正面的形象，在高校内部也会起到一个渲染、促进学生全面发展的目的。

二、高校层面

（一）有利于高校实现资助育人价值[②]

让育人在场并贯穿始终，是高校资助育人的重要特征。在这一科学理念的指导下，高校资助育人以日常教育价值意义在场的视域科学规划整个经济贫困大学生资助实践过程，以日常教育价值意义在场的原则统摄高校资助育人目标的制定，以日常教育价值意义在场的方式推动高校资助育人内涵的建构，从而促进高校资助育人的内涵更加丰富、育人边界更加宽广、育人力量更加持久。在具体的工作形态上，日常教育价值意义在场建构起高校资助育人的逻辑起点，多维度地搭建高校资助育人的解析框架，彰显着高校资助育人的精神维度，形成高校资助育人的话语体系。概而言之，日常教育价值意义的在场让高校资助育人的过程凸显出

[①] 张兰. 精准扶贫背景下高职院校资助育人工作策略 [J]. 财富时代, 2022（01）：219-221.
[②] 胡婷, 肖莉娇. 高校资助育人的功能机制与实践路径 [J]. 科技资讯, 2021, 19（29）：147-150.

教育活力与教育色彩，达到资助与教育的共享、资助与树人的共振、资助与情感的共鸣。

（二）有利于提升高校人才培养的质量①

在高校，家庭贫困的学生属于特殊的群体，他们希望能够学有所成。但是，由于经济条件的限制，在学习中会有所羁绊。为了保证每个贫困家庭的学生都不会因为金钱而失学、辍学，在精准扶贫的背景之下，高校开展了资助育人的工作。资助育人帮助学生解决了金钱问题，为贫困群体营造了一个良好的学习空间，促进了这类学生思想政治素养的提升，让这类学生能够在学习时无忧，在高校这样一个环境中学习专业的技能，成为社会中的应用型、实用型人才。

（三）有利于高校落实立德树人根本任务②

"国无德不兴，人无德不立。"高校的立身之本就在于立德树人，这决定了高校的全部工作都应围绕不断提升立德树人质量而进行统筹谋划、优化设计、深化实施。资助育人作为高校思想政治工作的重要内容，理应肩负起立德树人的重要使命。从教育对象出发，高校家庭经济困难学生经历了家庭经济困难及其所衍生的各类问题，并且受到这些问题对其心理发展、人格培养、能力拓展等方面的持续性影响。这就要求我们在育人的过程中，不但要给予他们物质上的帮助与支持，而且还要注重心理上的关照与疏导。

新时代高校要全面贯彻落实立德树人根本任务，就必须切实抓好面向家庭经济困难学生的资助育人工作。这就要求资助育人工作要始终坚持以社会主义核心价值观为引领，引导受资助学生树立正确的世界观、人生观、价值观，将个人理想与国家理想有机融合，在奋进青春建功的过程中积蓄本领、发挥能量、奉献国家。同时，资助育人工作还应着力强化家庭经济困难学生的实践能力与创新能力：在实践能力方面，通过感知、归纳、反思等环节，推动家庭经济困难学生实践能力从简单操作到主观意志驱使，再到理性支配的层级性发展；在创新能力方面，不断强化家庭经济困难学生的创新意识，挖掘其个人潜质与特长，进一步推

---

① 张兰. 精准扶贫背景下高职院校资助育人工作策略[J]. 财富时代，2022（01）：219-221.
② 马金丹，李银霞. 浅析新形势下高校资助育人中的问题及对策[J]. 佳木斯职业学院学报，2022，38（06）：68-70.

动学生个体认识事物、探索发现、实践创新的能力养成。为了更好地实现教育对象的能力培养，高校应做到：加强励志教育，以培养学生积极进取、自强自立、艰苦奋斗的优良品质；加强诚信教育，以培养学生诚实守信、遵纪守法的优良品质；加强社会责任感教育，以培养学生知恩感恩、勇于担当、互助共享的优良品质。高校资助育人将"立德"贯穿于人才培养全程，厚植爱国主义情怀与道德理性，通过丰富学生的精神世界、引领价值观念、坚定理想信念，促进受助学生群体的全面发展，有效地契合了立德树人根本任务的内在要求。

（四）有利于高校遵循"铸魂育人"的导向[①]

作为促进教育公平和社会教育公正的重要举措，高校资助育人具有鲜明的意识形态特征和社会价值导向。高校资助育人需要全面贯彻党的教育方针，着力解决好资助谁、怎么样资助、为谁资助的相关根本问题，并且遵循"铸魂育人"的鲜明价值导向。资助育人思路决定出路，有什么样的资助育人理念，就有什么样的资助育人工作方法。遵循"铸魂育人"的价值导向是高校资助育人的重要思路，为高校资助育人提供价值引领。为此，要旗帜鲜明地秉持正确导向，坚守为党资助育人、为国资助育人的宗旨，充分发挥高校资助育人在经济困难学生价值观塑造中的重要渠道作用。

（五）有利于提升资助育人工作队伍整体水平[②]

多元资助育人模式在参与主体、涉及维度以及开展途径多样化的背景下，必然会对当前资助育人工作队伍提出更高的要求。因此，从源头上夯实团队基础、提升队伍水平，对于开展好高校资助育人工作来说正当其时，具有重要意义。面对资助形势和学生特点的显著变化，资助工作队伍需要进一步提升自身的业务水平和专业技能，熟悉了解国家各项资助政策，详细掌握校内资助工作体系，也应具备一定的管理协调和心理疏导技能，用于解决在资助过程中可能出现的各类情况。同时，资助工作队伍也应进一步加强理论研究，善于发现和归纳实际资助工

[①] 胡婷，肖莉娇. 高校资助育人的功能机制与实践路径[J]. 科技资讯，2021，19（29）：147-150.

[②] 王贝贝，刘海明. 精准资助背景下高校多元资助育人模式的构建[J]. 煤炭高等教育，2021，39（06）：89-94.

作中的问题和困境，积极尝试和探索提升育人工作的有效路径，从而为提升团队工作水平、实际工作成效提供专业支持和理论支撑。

（六）有利于吸引更多的资源参与资助育人工作[①]

大学生的成长成才离不开高校、家庭和社会的共同努力，三者缺一不可。多元资助育人模式强调多方参与，鼓励高校与家庭联动、鼓励高校与企业联动，强调家庭和社会在经济困难学生成长过程中的作用，从而形成高校、家庭、社会共同参与资助育人的良好格局。

资助育人工作绝不是仅仅只由高校承担就能完成，而应该更多地吸引社会力量参与，拓宽资助资金来源渠道，丰富资助育人方式方法。多元资助育人模式的推行，在一定程度上将有利于吸引更多的资源参与资助工作，从而为资助工作发挥育人功能提供更强的动力。

三、社会层面

（一）有利于推动社会的稳定与发展[②]

社会的稳定与发展需要人民物质生活和精神生活的充裕与满足。过去，人们为了满足基本的物质生活而不断生产，而当物质生活水平得到保障并不断提升的情况下，人们就会越来越关注精神上的成长与自我价值实现。只有保障了物质与精神的稳定与富足，才能够实现社会的稳定与发展。对很多困难家庭而言，满足基本的物质生活条件是这些家庭目前的首要任务，如果学生得不到良好的教育机会，在未来也就难以承担起自身的责任，这些困难家庭也会陷入恶性循环当中，导致面临更大的生活与就业压力。高校开展的资助育人工作，给予了众多学子接受教育的机会，这些学生在接受国家的帮助后，毕业后再通过自我实现和贡献社会进行反哺，有利于实现社会的稳定与发展。

[①] 王贝贝，刘海明. 精准资助背景下高校多元资助育人模式的构建[J]. 煤炭高等教育，2021，39（06）：89-94.

[②] 任佳妮. 高校资助育人成效的提升路径分析[J]. 大学，2021（06）：77-78.

（二）有利于改善民生，推动共同富裕[①]

党和国家对家庭经济困难的学生是非常重视的，党中央坚定地向社会承诺，绝对不会让哪一个学生因为家庭困难而失去上学的机会。在高校开展资助育人工作符合国家的相关政策要求，是保障民生的一个重要的工程，可以稳定大局，实现国家的长治久安，是党的重要使命。在高校，应积极地去调查、了解每个贫困家庭学生的实际状况，对其合理地进行资助帮扶。这种资助帮扶活动，不仅可以帮助学生本人健康的成长，而且有利于家庭内部的和谐、社会的稳定，是真正意义上的改善民生、推动共同富裕的有效措施。

---

① 张兰. 精准扶贫背景下高职院校资助育人工作策略[J]. 财富时代，2022（01）：219-221.

第二章 高校资助育人的现状分析

本章分为高校资助育人的发展机遇、高校资助育人的主要成就、高校资助育人存在的问题三部分。主要包括党和政府对资助育人工作的重视、受助学生成长成才的内在需要、资助主体呈现多元、资助种类日趋上升、资助内涵不断丰富、资助工作更加暖心等内容。

第一节 高校资助育人的发展机遇[①]

一、党和政府对资助育人工作的重视

长期以来，高校资助育人工作一直受到党和政府的高度重视。党的十九大报告提出，健全学生资助制度，使绝大多数城乡新增劳动力接受高中阶段教育、更多接受高等教育。为建设全民终身学习的学习型社会、学习型大国，党的二十大提出完善覆盖全学段学生资助体系。

站在新的历史起点上，深刻认识新时代做好学生资助工作的重要意义，教育部对高校资助育人工作作出了深刻指导。教育部原部长陈宝生在《人民日报》发表《进一步加强学生资助工作》强调，"学生资助必须坚持育人导向，将育人作为资助工作的出发点和落脚点，构建物质帮助、道德浸润、能力拓展、精神激励有效融合的长效机制，形成'解困—育人—成才—回馈'的良性循环。"2017年12月，教育部党组印发《高校思想政治工作质量提升工程实施纲要》，提出了资助育人等十大质量提体系。

高校以习近平新时代中国特色社会主义思想为指导，认真贯彻落实国家和省

---

① 王岩. 广东高校资助育人工作研究 [M]. 广州：广东高等教育出版社，2019.

资助政策，遵循高等教育发展规律，落实资助育人理念，进一步增强做好学生资助育人工作的责任感、使命感和紧迫感。

二、学生资助政策体系建设扎实推进[①]

资助育人工作的开展是伴随着学生资助政策体系的发展而逐渐发展、丰富的。1949年中华人民共和国成立后，我国就有了系统的大学生资助政策。中华人民共和国成立初期到20世纪80年代初，我国选择并实施的是"免费上大学"加"人民助学金"的资助政策。恢复高考以来，我国的高校家庭经济困难学生资助政策大体经历了逐步建立、探索改革和完善体系三个重要的发展阶段。

（一）1978—1998年：逐步建立阶段

随着高校收费制度改革的深入，这一时期取消了人民助学金制度，全面推行高校奖学金和学生贷款制度，到20世纪90年代中期，我国在高等学校实行收费制度改革的背景下，建立起了以奖学金、学生贷款、勤工助学、学费减免为主要内容的资助制度。

（二）1999—2006年：探索改革阶段

随着高校扩招，更多家庭经济困难学生涌入大学，国家推行国家助学贷款制度和设立国家奖学金制度，我国初步形成了"奖、贷、助、补、减"相结合的高校家庭经济困难学生资助政策体系。

（三）2007年至今：完善体系阶段

2007年5月，国务院颁发了《关于建立健全普通本科高校高等职业学校和中等职业学校家庭经济困难学生资助政策体系的意见》，决定从2007年秋季学期开始，建立健全我国高校家庭经济困难学生资助政策体系，内容包括在改革原有国家奖学金制度的基础上，设立新的国家奖学金制度、新设立国家励志奖学金、完善国家助学金制度等。

目前，高校基本形成了以政府投入为主、高校落实责任、社会积极参与三方共同支持的多维度多渠道的资助体系，建立了以国家奖学金、国家励志奖学金、

[①] 胡元林. 高校资助育人研究[M]. 南京：南京大学出版社，2019.

国家助学金、国家助学贷款为主,学费补偿、助学贷款代偿、勤工助学、学费减免、社会资助和确保家庭经济困难学生顺利入学的"绿色通道"制度等有机结合的资助政策体系。

资助育人始于资助,成于育人。高校学生资助政策体系的不断完善,为高校资助育人工作提供了良好的机遇和奠定了坚实的基础。一方面,各高校不用担心没有项目,也不用担心没有经费,更不用担心"不务正业",大家只管在资助育人中"撸起袖子加油干";另一方面,经过十年的发展,高校学生资助政策体系不仅在经济上帮助家庭经济困难学生获得教育机会,实现了"不让一个学生因家庭经济困难而失学"的目标,同时注重从保障型资助向发展型资助转变,进一步倒逼高校加强和改进资助育人工作。

三、受助学生成长成才的内在需要

需要是人类认识和实践活动的动力。正如马克思所说,"任何人如果不同时为了自己的某种需要和为了这种需要的器官而做事,他就什么也不能做。"[1] 马克思主义的需求理论告诉我们,大学生接受资助和教育的根本动力是他们存在某种需要。一般来讲,作为家庭经济困难的学生,他们最需要的就是获得经济资助。正因如此,高校学生资助育人工作才从最初的"人民助学金"制度发展壮大。但是,高校学生资助工作面对的是庞大的家庭经济困难学生群体,随着经济社会的发展,他们的数量、分布、结构以及资助需求等因素都在不断变化。美国著名心理学家马斯洛依次由较低层次到较高层次把需求分成生理需求、安全需求、社交需求、尊重需求和自我实现需求五种类型,学生资助的经济资助充其量是解决了家庭经济困难学生较低层次的生理需求。除此之外,他们还有更高层次的需求,而部分需求是能够通过资助育人工作解决的。同样,在实际工作中,我们也普遍意识到,当下家庭经济困难学生并不局限于经济困难,还存在学习、心理、就业、人际交往等能力上的困难,他们迫切希望学校能解决他们的需求。但是,高校资助育人工作在开展过程中仍存在一些不足,比如,重经济资助、轻能力培养,重评选程序、轻事后跟进,重学校层面、轻个体关注,使得资助育人与学生的需求存在差距,资助育人渠道还有待进一步拓宽。

---

[1] 凌宏城,袁培树,任天飞.家庭经济学[M].北京:经济科学出版社,1986:60.

四、大学生思想政治教育日益加强

进入新时代，社会改革的迅速发展，使学生面临的社会思潮与社会现象更加纷繁多变，使学生面临的成长难题更加复杂多样。在这种形势下，中央对高校思想政治工作提出了新的要求。2016年12月7—8日，党中央召开全国高校思想政治工作会议，对加强和改进新形势下高校思想政治工作提出明确要求，作出重大安排部署。2017年2月，中共中央、国务院印发《关于加强和改进新形势下高校思想政治工作的意见》，强调要推进高校思想政治工作改革创新。同月，教育部党组印发《高校思想政治工作质量提升工程实施纲要》，提出"充分发挥课程、科研、实践、文化、网络、心理、管理、服务、资助、组织等方面工作的育人功能，挖掘育人要素，完善育人机制，优化评价激励，强化实施保障，切实构建'十大'育人体系"。为深入学习贯彻习近平新时代中国特色社会主义思想和党的二十大精神，深入贯彻落实全国高校思想政治工作会议和中共中央、国务院《关于加强和改进新形势下高校思想政治工作的意见》精神，继续打好提高思政课质量和水平的攻坚战，教育部2018年启动实施"高校思政课教师队伍建设专项工作"，建设高素质专业化思政课教师队伍，全面推动习近平新时代中国特色社会主义思想进教材进课堂进学生头脑。为此，教育部决定在继续实施"高校思想政治理论课教师在职攻读马克思主义理论博士学位专项计划"的同时，自2018年开始实施"高校思想政治理论课教师队伍后备人才培养专项支持计划"。2020年12月15日，教育部在京召开2020年深化新时代学校思政课改革创新现场推进会，对推动新发展阶段学校思政课高质量发展进行部署。现实中，大学生思想政治教育创新性、实效性需要进一步加强。从教育主体看，大学生思想政治教育主体逐渐摆脱了主要依靠思政课教师、辅导员群体的现象，调动高校全体人员参与思想政治教育的积极性日趋高涨，全员育人体系逐步形成。从教育内容看，思想政治教育具有开放性，坚持思想政治教育与解决实际问题相结合，与其他学科、领域进一步多元融合。从教育方式看，既保留传统教育方式，又推陈出新，注重现实平台和网络平台的融合运用。就学生资助工作而言，其工作队伍、内容、方式，与大学生思想政治教育的发展趋势高度契合，为大学生思想政治教育提供了坚实的平台和发展的路径。

第二节　高校资助育人的主要成就[①]

一、资助主体呈现多元

我国大学生资助体系主要分为国家资助、社会资助和学校资助。多年来，党和国家高度重视和鼓励社会力量帮扶困难学生，现已基本形成了政府主导、学校和社会广泛参与的"三位一体"资助格局。资助主体呈现多元化趋势，政府依然是资助的主力军。

二、资助种类日趋上升

目前，我国建立了以国家奖助学金、助学贷款、勤工俭学、困难补助、学费减免、绿色通道为主体的多元化资助政策体系，又相继推出了基层就业、服兵役国家资助等项目。可将其分为下面几个层次：国家助学金、助学贷款等主要用于物质帮扶；奖学金偏向奖励优秀；基层就业、应征入伍及师范生免费教育侧重于就业引导。

三、资助内涵不断丰富[②]

党的十九大以来，我国高校资助育人工作围绕立德树人根本任务，不断强化资助育人理念，充分发挥资助育人功能，日益革新资助育人方式，走出一条中国特色的资助育人之路。

在资助理念上，更新资助育人理念，实现从保障型资助向发展型资助的创新发展。经过多年努力，通过系统深入研究资助育人的根本目的和最终价值体现，高校资助育人工作逐步构建"扶困助学—立德树人—唱响中国梦"的资助育人理念。紧紧围绕立德树人根本目标，以社会主义核心价值观为引领，深化思想政治、爱国主义等教育，重视培养受助学生的思想品德和人文素养，助力学生成长

[①] 杨建宝，梅露露，薛俊珍，等. 新形势下高校资助育人现状、问题及对策研究[J]. 科技视界，2022（11）：142-144.
[②] 刘丹. 高校资助育人研究[D]. 昆明：昆明理工大学，2020：18-19.

成才。同时，加强创新创业教育、励志教育等，着重培育受助学生的创新精神和实践能力，促进学生全面发展。着力构建物质帮助长效机制、精神激励长效机制，在抓落实上下功夫，在求实效上比高下，取得从经济型资助到发展型资助的重大突破。

在政策功能上，拓展资助育人功能，发展形成"普惠、助困、奖优和引导"复合型的学生资助政策体系。其中，"普惠"体系主要包括免学费资助政策，推进家庭经济困难学生的普惠制服务工作，体现资助政策具有公益性；"助困"体系主要包括国家助学金、国家助学贷款、困难补助等资助政策，立足解决家庭经济困难学生的经济困难，体现资助政策具有公平性；"奖优"体系主要包括国家奖学金、国家励志奖学金、学业奖学金和校内奖学金等资助政策，侧重奖励优秀的家庭经济困难学生，体现资助政策具有激励性；"引导"体系主要包括基层就业国家资助、应征入伍服兵役国家资助和师范生免费教育资助政策，强化家庭经济困难学生的就业引导，体现资助政策具有倡导性。各项资助政策功能多元、互为补充、共成体系，形成有机结合的学生资助政策体系。

在资助方式上，创新资助育人方式，既精准认定受助学生，又关爱保护受助学生。在精准认定过程中，面对特殊困难群体，如建档立卡贫困家庭学生、最低生活保障家庭学生、农村特困救助供养学生、孤残学生、烈士子女、家庭经济困难残疾学生及残疾人子女等特殊困难群体，均按家庭经济困难学生最高标准提供资助。面对困难和一般困难群体，通过家访、个别访谈、大数据分析、信函索证、量化评估、民主评议等方式精准识别，按照家庭经济困难学生认定依据和等级给予资助。在精准资助过程中，积极探索"隐性资助"新模式，努力保护学生个人及家庭的信息和隐私。

一方面，严禁公示"个人敏感信息"。在奖学金、助学金评定时，严格遵循国家个人信息保护法律法规相关要求，防止泄露受助学生身份证件号码、家庭住址、电话号码等敏感信息，注重保护家庭经济困难学生的尊严。

另一方面，尊重保护"学生个人隐私"。在评定家庭经济状况和实际生活情况时，不能让家庭经济困难学生在公开场合当众诉苦、互相比困；在公示家庭经济困难学生受助情况时，坚持信息简洁、够用原则，公示受助学生基本信息，如姓名、学校、院系、年级、专业、班级等信息，严禁泄露学生个人及家庭隐私；

在宣传家庭经济困难学生励志典型时,实施之前应征得学生本人同意;在给家庭经济困难学生发放资助物品时,倡导和鼓励采用隐性资助方式。

四、资助政策不断完善[①]

党的十九大以来,国家基本健全以政府为主导、学校和社会积极参与的覆盖学前教育到高等教育的学生资助政策体系,从制度上保障"不让一个学生因家庭经济困难而失学",确保家庭经济困难学生上得起学、上得好学。特别是在高等教育本专科阶段建立起国家奖学金、国家励志奖学金、国家助学金、国家助学贷款(包括校园地国家助学贷款和生源地信用助学贷款)、新生入学资助项目、勤工助学、学费减免等多种方式并举的学生资助政策体系。其中,建立以国家奖助学金、国家助学贷款等为主导,学费补偿和助学贷款代偿、校内奖助学金、校内无息借款、勤工助学、减免学费等为辅助,"绿色通道"、困难补助等为补充的学生资助政策体系,为家庭经济困难新生顺利入学、完成学业保驾护航。具体而言,尤其是在高等教育入学前、入学时、入校后阶段,实现家庭经济困难学生"三不愁"。入学前不用愁,高校开通网上"绿色通道",学生在家中就可以按家庭经济困难学生认定申请操作流程办理相关申请手续。入学时不用愁,家庭经济困难新生可以在开学报到的当天,在暂时筹集不齐学费和住宿费的前提下,通过学校开设的"绿色通道"报到。入校后不用愁,新生本人可以主动提出申请,再向学校申报家庭经济困难学生认定,由校、院、年级、班级四级核实认定后,采取不同措施给予资助。其中:解决学费、住宿费问题,家庭经济困难的学生一般以国家助学贷款为主,以国家励志奖学金等为辅;解决生活费问题,家庭经济困难学生通常以国家助学金为主,以勤工助学等为辅。

五、资助力度不断加大[②]

党的十九大以来,随着资助政策不断完善,我国逐步形成了"三位一体"资助格局,以财政资金为主导,以学校资金为辅助、以社会资金为补充,资助经费不断增加,资助规模不断扩大,资金投入不断加大,实现"应助尽助""应补尽

[①] 刘丹. 高校资助育人研究 [D]. 昆明:昆明理工大学,2020:15-16.
[②] 刘丹. 高校资助育人研究 [D]. 昆明:昆明理工大学,2020:17.

补",全力保障家庭经济困难学生顺利入学、完成学业。经过多年发展，强化政府工作职责，持续加大力度，确保财政投入，发挥公共财政职能，进一步织密织牢学生资助兜底网。学校按照国家要求，加大经费投入，提升保障水平，从事业收入中提取一定比例的资金用于助学，进一步织细学生资助兜底网。企事业单位、社会团体和个人履行社会责任，积极捐资助学，进一步补牢学生资助兜底网。其中，解决全局问题、一般性问题，学生资助普遍以财政资金为主导；解决局部问题、特殊性问题，学生资助常常以学校资金和社会资金为重点。如今，国家对家庭经济困难的学生资金投入不断加大，切实减轻经济困难家庭的负担，有利于增强家庭经济困难学生和经济困难家庭的获得感、幸福感、安全感。

六、资助工作更加暖心[1]

党的十九大以来，高校以家庭经济困难学生为本，想家庭经济困难学生之所想，急家庭经济困难学生之所急，把家庭经济困难学生利益放在前、把资助育人工作做在前，使高校资助育人工作更用心、更贴心、更暖心。

（一）全天候宣传时间和政策

在春季开学前后，通过传统媒体与新兴媒体，广泛传播学生资助政策；在高考前，发布致高中毕业生"一封信"，用生动活泼、句句暖心、让人动容的语言，扼要介绍学生资助政策；在大学新生录取阶段，随录取通知书附送《国家资助 助你飞翔——高校本专科学生资助政策简介》宣传折页，重点解读学生资助政策；在秋季开学前后，协调中国移动、联通、电信三大通信运营商，向高校学生手机用户发送公益短信，大力宣传学生资助政策。提前开通热线电话。高校提前开通学生资助服务热线，持续延长学生资助服务期限，规范管理学生资助服务工作，实实在在解决问题，做到"件件有说法、事事有落实"。通过畅通民意渠道，为广大学生、家长、社会各界提供政策咨询和便民服务，深入知晓学生资助政策。

（二）助学贷款办理时间和窗口前移

助学贷款实行高中预申请，大约提前半个月全面启动，受理工作将贷款受理点"下沉"至学生"家门口"，如乡镇、村两委、中心校、高中等地方，助学贷

---

[1] 刘丹. 高校资助育人研究[D]. 昆明：昆明理工大学，2020：19-20.

款办理点前移，办理既方便又快捷。同时，助学贷款实行预约办理，提高助学贷款办理效率，创新助学贷款办理方式，如推行合同电子化、手机预约办理、网上预约办理等方式，简化助学贷款办理手续，缩短助学贷款办理时间，实现"一站式"服务，打造"就近办、多点办、快速办"一体化平台，可以错峰办理，也可以分散办理。

（三）"绿色通道"更畅通

在新生开学报到现场，高校设立"绿色通道"专区，协助家庭经济困难新生办理入学手续，提供"一站式"优化服务。高校推出寒假、暑假"家访团"，派出家访小组分赴各地，由书记、校长带队，将"绿色通道"延伸到学子家乡，让信息多跑路，让学生少跑路。同时，注意保护家庭经济困难学生隐私，对享有"绿色通道"入学的家庭经济困难新生，给予更多心理疏导和人文关怀，引导家庭经济困难学生正确面对困难，学会轻装上阵，拥抱大学新生活，开启人生新篇章。

（四）提前发布资助预警

在春季、秋季学期开学前后，深化互联网联动，通过数字化平台，如教育部网站、全国学生资助管理中心网站、"中国学生资助"微信公众号等平台，向广大学生与家长多次发布学生资助预警。同时，在新生入学前后，加强舆论引导，通过媒体宣传，如电视、报纸、班会、校园宣传栏等传统媒体，如网络、移动电视、数字报纸、数字广播等新兴媒体，对广大学生以及家长提前发布学生资助预警。通过多种形式提醒广大学生、家长，警惕各种新型电信诈骗，警惕各种打着"奖助学金"旗号的诈骗行为，警惕各种不良贷款陷阱，如"校园贷""套路贷""回租贷"等，提高广大学生和家长的安全意识和甄别能力，切实做好家庭经济困难学生的入学工作。

七、资助德育功能日益增强[①]

在访谈学校资助工作负责人的过程中了解到，在党和国家不断推进脱贫攻坚、

---

① 赵云芳. "三全育人"理念下高校资助育人工作研究[D]. 大连：大连理工大学，2020：34-36.

教育公平的背景下，高校资助育人工作从"单一经济资助"模式发展到"经济资助"与"精神帮扶"并举模式，这种模式的转变体现了资助的德育功能在不断增强。

针对当前学校坚持结合思想政治教育根本任务创新资助育人渠道，紧紧围绕"立德树人"这一根本任务，将解决家庭经济困难学生实际困难与思想政治教育相结合，营造"自强、自信、感恩、诚信"的校园文化氛围和价值观引领，深入挖掘资助工作承载的育人内涵。此外，学校坚持资助育人典型挖掘榜样示范引领作用，很好地发挥了榜样的模范引领作用。从与资助工作负责人的访谈过程中，深刻体会学校努力发挥资助的思想政治教育功能，并且取得一定成效。

此外，在日常教育引导中，除了直接的经济资助外，辅导员会定期与家庭经济困难的学生进行谈心交流，了解学生的困难和需求，在帮助他们解决问题的同时，也会对学生出现的消极情绪进行及时引导教育。

八、资助育人工作认同度不断提高[①]

随着资助育人理论研究深入和资助实践的不断探索，当前高校资助育人工作的整体认同度不断提高，具体表现为国家、社会以及家庭经济困难学生对高校资助育人工作的重视程度不断提高。

（一）党和国家日益重视高校资助育人工作

在访谈学校资助工作负责人的过程中，我们了解到，近年来，国家出台一系列资助政策中多次强调高校要切实做好资助育人工作，突出资助工作的育人功能。从2007年发布的《国务院关于建立健全普通本科高校高等职业学校和中等职业学校家庭经济困难学生资助政策体系的意见》开始，到2010年颁布的《国家中长期教育改革和发展规划纲要（2010—2020年）》，再到2017年教育部党组印发的《高校思想政治工作质量提升工程实施纲要》等文件中，多次强调学生资助和资助育人的重要作用，这体现了党和国家对高校资助育人工作的高度重视。

---

① 赵云芳."三全育人"理念下高校资助育人工作研究[D]. 大连：大连理工大学，2020：33-34.

（二）社会对资助育人工作逐步重视

高校资助育人工作是切实解决家庭经济困难学生的实际问题，帮助学生健康成长、实现全面发展的育人工作体系，在社会上得到广泛的认同。资助工作负责人提到不同社会团体或个人以实际行动参与资助育人实践，2018年社会捐助资金达130亿元，同时社会事业企业单位为家庭经济困难提供实习和实践平台，提升家庭经济困难学生的实践能力。

此外，学校积极凝聚专业教师优势和校友力量，先后涌现出大量优秀的教师和校友投身资助育人，如徐彭寿教授、王富岗教授等，或个人出资或积极争取社会资源设立奖助学金，其中徐彭寿教授亲属设立的"徐小麟先生、徐杨洁女士纪念奖学金"已持续了20多年；校友捐赠的"援梦专列"项目已成为新生入学资助的有力补充。

（三）家庭经济困难学生对资助育人工作的认可度不断提升

在与家庭经济困难学生访谈的过程中，学生表示学校对他们的关心和帮助是很大的，不仅在经济方面的资助减轻家庭的经济负担，帮助自己完成学业。同时，学校通过开展励志教育等活动，为自己树立了学习的榜样。

九、资助育人的活动载体愈加丰富[①]

在教育部的全力推进下，各地各校紧紧围绕"立德树人"这一根本任务，探索资助育人实践方式，资助育人活动载体也不断增多。在与资助负责人和辅导员的访谈中，了解到学校坚持资助育人。建立自强社、勤工助学实践中心，优先帮扶家庭经济困难学生；设立"菁英学子成才计划"，依托精品项目促进学生综合素质提升；开展自强标兵评选，发挥榜样引领示范；搭建"三分钟"才艺展示舞台，引导学生自信、自立、自强。通过丰富的活动载体帮助家庭经济困难的学生成长、成才。

---

① 赵云芳．"三全育人"理念下高校资助育人工作研究 [D]．大连：大连理工大学，2020：37.

第三节 高校资助育人存在的问题

一、高校资助育人存在问题的分析

（一）贫困生缺乏参与[①]

在高校开展资助工作时，采取的工作模式仍然是相对传统的模式，对贫困生问题的管理比较看重，使得贫困生缺乏参与。对此，高校应该重视自身资助的主导性，在为贫困生开展资助工作时，应当为贫困生提供个性化的服务，以此满足学生的成长需求，将高校的自主工作全面落到实处。

（二）对学生造成约束[②]

在高校开展资助工作时，由于很多心理思维教育工作开展得不够充分，因此在一定程度上约束了学生的全面发展。而这种教学模式，不仅无法充分满足贫困生的日常需求，而且还会降低资助者的热情，对资助工作形成阻碍。同时，高校在资助工作中缺乏对贫困生的关注，使得许多贫困生在诸多方面受到限制，无法满足学生进行长远发展的需求。

（三）资助育人载体不多[③]

为发挥资助工作的育人功能，高校资助育人工作的开展必须依赖一定的载体、借助一定的形式进行。在高校资助育人工作中，载体较少，形式缺乏多样性，无法满足受助学生个性化、多层次的发展需求，很难调动受助学生参与的积极性和主动性，无法打动学生，阻碍了育人功能的彰显。例如，有的高校不能适应社会发展和学生的需求变化，只通过主题班会、征文比赛等传统方式开展诚信、感恩和励志教育，没有运用微博、抖音、快手等新型的信息技术载体，也没有适时拓展融合劳动教育、心理辅导、学业帮扶、就业指导等内容。再加上许多"00后"

[①] 庄月. 高校资助育人教育工作实效性提升策略研究 [J]. 公关世界, 2022（10）: 70-71.
[②] 同①.
[③] 马金丹, 李银霞. 浅析新形势下高校资助育人中的问题及对策 [J]. 佳木斯职业学院学报, 2022, 38（06）: 68-70.

大学生已经进入校园，作为在互联网时代成长起来的一代，他们思想活跃、个性突出，传统的资助育人形式载体对其吸引力较低，影响高校资助育人工作的开展，弱化了高校资助育人工作的实际效果。

（四）资助教育流于形式[①]

就目前来看，许多高校的资助教育工作往往将工作的重点置于经济层面上，资助的主要目的是满足贫困学生在经济方面的需求，以此帮助学生更好地完成自己的学业。虽然这种资助形式能够在一定程度上缓解学生的经济压力，但资助人员往往会忽略贫困生的心理需求，使得许多贫困生在接受资助后存在诸多的心理负担，从而使高校的资助工作存在一定的问题。因此，高校在开展资助工作时，应当结合思想育人教育工作的具体状况与特点，对工作进行针对性的改进，以此提高资助工作的实效性。

（五）资助认定机制不科学[②]

高校要做好资助育人工作首先需要将家庭经济困难学生从众多学生中甄别出来，准确认定受资助学生。精准认定家庭经济困难学生是高校资助育人工作的基础，同时也是实现高校资助育人的重要前提。但在实际工作中，高校资助育人认定机制不够完善、认定对象缺乏诚信，导致认定对象不够准确。

一方面，从资助的推动实施者来说，很多高校在资助认定时只是把困难生名额按照学生人数分布直接下发到各个院系，导致绝大多数辅导员在认定时也是按照班级人数直接进行分配。由于资助认定机制不健全，没有综合考虑各个院系和班级的贫困学生分布情况，最终造成了部分家庭经济并不困难的学生被认定为家庭经济困难学生，而真正贫困的学生被遗漏。再有，受突发因素的影响，有些学生家庭因此陷入贫困，但部分高校按照学年进行家庭经济困难学生认定，缺乏及时的动态更新管理，困难生数据建档存在一定的滞后性，这就使得后续的资助育人工作缺乏针对性和精准性。

另一方面，从受资助的对象来讲，2019年秋季学期以前，在资助认定中，需

[①] 庄月. 高校资助育人教育工作实效性提升策略研究[J]. 公关世界，2022（10）：70-71.
[②] 马金丹，李银霞. 浅析新形势下高校资助育人中的问题及对策[J]. 佳木斯职业学院学报，2022，38（06）：68-70.

要学生提供当地民政部门的盖章证明，但根据教育部等六部门联合发布的《关于做好家庭经济困难学生认定工作的指导意见》（教财〔2018〕16号）中取消了这一要求，只需要学生及家庭成员提供书面承诺即可。再加上近年来国家对贫困生资助范围不断扩大，资助金额持续提高，很容易吸引部分缺乏诚信意识的学生夸大甚至捏造家庭经济困难程度，从而骗取获得资助的名额。这样就使得高校资助认定对象不准确，直接阻碍了高校资助育人工作的顺利开展。

（六）资助育人体系不健全[①]

在很多高校中，教师和学生认为给予贫困生经济上的帮助是资助育人中的重要工作内容，因此，大部分高校在资助育人的工作中注重的是资金上的资助，对贫困生思想品德和道德品质上的教育和引导较少。很多高校的资助育人工作只做到了资助，却没有做到育人，使得资助育人工作变得单一，没有能够有效培养贫困生的综合能力和综合素养。在对贫困生的教育方面，思想政治教育和感恩教育总是做得不到位，或者没有形成有效的教育形式，大部分高校资助育人方面没有完整的体系，进而没有达到有效的教育效果。

（七）资助育人效果不明显[②]

当前，我国高校资助工作的育人效果不明显。一方面，个别高校实施贫困生资助时，仅仅依靠上级政府、学校的经济支持，缺乏企业的参与，并且在资助育人工作中，没为学生提供勤工俭学平台，缺乏多样化的帮扶手段。事实上，贫困生不但需要经济上的帮助，而且在学习和心理上也需要得到更多的关心和帮助。此外，部分学生还有依赖心理，"等、靠、要"的思想比较严重。另一方面，个别高校还存在盲目资助家庭经济困难学生的现象，不能及时解决当前资助工作中存在的问题，导致资助育人效果不明显。比如，贫困生认定门槛相对较低，有可能导致资源错配。助学金资助细则不明确，导致资助方法简单粗暴缺乏人文关怀等。当前由于社会信用体系建立的缺位，个别贫困生毕业后故意逃避银行借款，由此可见，学校在资助工作中要重视对学生的感恩、诚信教育。

[①] 陈莹莹. 高校资助育人工作质量提升探究 [J]. 人才资源开发，2022（01）：23-24.
[②] 毕鸣. 校企合作视域下高职院校资助育人模式研究 [J]. 连云港职业技术学院学报，2021，34（04）：62-65.

（八）资助育人宣传力度不大[①]

一是部分高校对国家资助政策宣传不到位，对资助工作流程告知不明确，再加上大部分家庭经济困难的学生来自偏远农村，环境闭塞，接收信息的渠道较少，导致他们不了解申请资助的途径和形式，直接影响了高校资助育人工作的开展。

二是部分高校对受资助学生的典型事例缺乏报道宣传，没有营造出奋进逐梦的良好氛围，无法引起师生的足够关注，导致高校资助育人工作影响力缺乏。许多高校进行资助育人后，并没有将受资助且自立自强、品学兼优的学生打造成榜样，没有宣传他们的奋斗事迹，无法形成对受资助学生的正面激励引导作用。

（九）高校主体责任落实不到位[②]

在学生资助工作的过程中，学校作为学生资助的主体机构，在资助过程中责任落实不到位，过度依赖国家资助政策，不能够创新资助方式。国家投入资金满足贫困学生入学、基本生活开销，成为高校学生主要的资助措施。高校主体责任的不落实，缺乏育人主动性，不能够在资助过程中体现育人功效，影响资助育人工作效果的落实。这主要是受到传统教育理念的影响，高校教师偏于重视学生专业课程、技能的培养，认识不到德育教育对提高学生综合素养的重要意义。同时，缺乏对学生德育教育的重视，认为只要给予贫困学生物质保障，满足其上学需求即可，认识不到强化学生责任感、感恩德育教育工作的重要性，忽视了"扶志"目标的实现。

（十）资助和育人工作未充分融合[③]

当前，面向高校学生的"资助"和"育人"在现实中时常割裂，未充分实现一以贯之、协同共促的资助育人，导致家庭经济困难学生获得资助后仍可能出现理想信念不坚定、缺乏感恩奉献精神、诚信及责任意识淡薄等问题。

其原因主要在于：第一，重工具理性而缺少必要的人文关怀。例如，为了在

[①] 马金丹，李银霞. 浅析新形势下高校资助育人中的问题及对策[J]. 佳木斯职业学院学报，2022，38（06）：68-70.

[②] 张国栋，蒋宁，张翠. 重大突发公共事件下高校资助育人工作的原则厘定与机制优化[J]. 就业与保障，2022（03）：160-162.

[③] 鲁萍，汪锴. 需求层次论视角下高校资助育人长效机制的探索与实践[J]. 北京教育（德育），2022（01）：78-81.

家庭经济困难学生认定过程中体现公正，有的高校要求贫困生撰写贫困情况材料，经公示后进行评议；有的高校甚至让有意申请资助的学生在评议认定小组面前陈述贫困状况才加以认定。这使得学生资助仅成为管理工具，无法尽到人文关怀，更远离育人宗旨。第二，育人工作未贯穿学生资助全过程。育人目标应先于资助工作进行设定，育人元素应体现在助前宣传、助中评审、助后追踪的各环节。第三，受助学生对资助育人的主动融入不足。受助学生作为经济学中的"理性人"，更偏好"不需要任何成本"的资助，对参与育人活动缺乏积极性。

（十一）有效的能力锻造平台有待搭建

根据需求层次论，在满足学生基础保障、精神激励需求的基础上，还应关注发展实现需求，通过发掘学生自身潜力，实现个人理想，同时为社会和国家创造价值。当今大学生拥有更为主动的自我认知意识，能够在社会生活中对自我和人生进行主动的思考认识，并体现在自身的行动中。

然而，当前高校资助育人与学生发展实现需求并不匹配，伴随着资助金的发放，多数资助项目即已宣告结束，缺乏必要的"后资助"环节，未针对家庭经济困难学生搭建有效的能力锻造平台。高校为家庭经济困难学生提供的能力锻造机会较少，未充分调动育人资源配置给家庭经济困难学生。此外，高校缺少有效的资助育人评价，家庭经济困难学生的成长增量无法及时追踪和精确量化。

二、影响资助育人实施效果的因素

（一）现行资助机制不够完善[①]

1. 认定机制不健全

认定工作从表面看是非常简单基础的工作，其实基础工作难度也很大，高校之间在这项工作上存在一定差异，这也是认定机制不完善造成的。具体来说，第一，贫困生的贫困证明的可信度有问题。目前，大多数高校都在认定家庭经济困难的学生，他们的主要参考是学生所在地方展示的贫困证明。新生在来学校后，很多学校会通过问卷的形式来统计，学生则将家庭经济的情况做一个解释然后上

[①] 周汉杰. 思想政治教育视角下高校资助育人效果研究[D]. 武汉：湖北工业大学，2020：33-34.

报。后续助学金评估和学生贷款申请的主要依据是该问卷的结果和学生出具的贫困证明。但是，由于学生来自全国不同地区，当地的经济情况也不一样，负责审查证明材料的当地工作人员的素质参差不齐。高校工作人员很难逐一核实家庭经济状况的真实性，这使得一些非经济困难的机会主义学生钻了空子。第二，鉴定标准是主观的。在生源地有很多负责人，在发放证明的时候都很随意，因为他们没有相关的培训，不懂相关制度和知识，对这个概念没有一个统一的标准。因此，在认定家庭经济困难学生时，不可避免地会受到个人意见的影响，这在一定程度上是主观的。学生对国家补贴政策的理解不够深刻。在评估奖学金时，他们还参考贫困证书来确定学生是否有资格获得奖学金，然后通过学生申请材料的自我报告和班级民主评估对他们进行评估。为此，在选评上无法避免会混合一些其他情感因素，不具备科学性，没有统一性。

2. 监督机制不到位

对认定的经济困难学生的后续监管薄弱，缺乏监管机制。一旦被认定为经济困难学生，每年的复审都是敷衍了事。只要学生的籍贯地继续显示贫困证明，学校就不能做好后续监管工作。调查结果显示，部分学生认为，为加大对困难学生日常消费的监管力度，使用高端产品的学生应取消其困难学生资格，部分被认定为挥霍资金的困难学生已引起其他学生的不满。一些经济困难的学生认为，只要他们的家庭认定他们有经济困难，他们就可以获得经济援助，他们已经形成了一劳永逸的依赖观念，这是评估后监督和评估不充分造成的。虽然学校可以检测到每个学生的校园卡消费情况，但在支付宝和微信支付都非常方便的时代，仅靠校园卡来评估学生的消费已经不再可取，辅导员也无法深入了解每个困难学生的日常生活消费情况。在采访中，一位辅导员还谈到了另一种情况。一个家庭经济困难的学生用经济资助买了一台高端电脑，并被同学举报。然而，经过验证，该学生购买的计算机用于专业相关的学习，这更便于完成网页设计和图像处理等作业。然而，在其他学生看来，这是一种虚假的行为。有些学生想当然觉得贫困生的样子就应该是朴素的样子，这才是他们的身份，正是这样的事容易让贫困生产生自卑心理，甚至刻意疏远。这个事情就反映了学生的消费有很多无法避免，不能一棒子打死，在监督的过程中，会有很多特殊情况发生。要进一步完善监督机制，制定一系列普遍认可的约束条件，完善对家庭困难学生的监督。

3.制约机制不得力

伪贫困的现象出现就是因为部分学生在这个过程中没有得到应受的惩罚，我们的机制还存在欠缺。对于这些伪贫困学生来说，他们在接受资助后肆意挥霍，不知道如何珍惜。即使他们被其他学生举报，处罚也很轻，这只能是一种道德谴责。收回已经发放的补助金的可能性相对较小，也没有实质性的处罚。其他学生别无选择。一些学生发现可以很轻松就能得到资助，为了私利来这样做。有些学生故意拖欠助学贷款，在现有法律上没有相关惩罚能够约束他们，主要是因为成本低，对自己没有很大影响，这些人就抱着侥幸的想法。其实他们违反道德规范，对自己不诚信的表现毫不在意，对学校和社会都造成不便，影响管理。所以，需要建立相应的法律法规，完善各项机制，在制度上保障公平正义，才能达到效果。

（二）资助信息发布过程缺少育人元素

在资助信息发布环节中，高校资助育人工作办公室将资助信息发布给辅导员，再由辅导员将资助信息发布给学生。在这资助信息发布流程中，很少蕴含育人元素。

1.资助信息育人内容匮乏

在调研的过程中，各个学校发布的资助信息内容以上级下发的资助文件为主。首先，从学校层面来说，个别学校领导对于资助工作不够重视。在高校资助育人工作方面，认为只要评审过程没有舆情发生，资助资金能够按时足额发放到位就是完成了工作任务。在育人方面，个别学校没有将资助育人体系的探索和建立纳入资助工作的主要内容，也没有对辅导员的资助工作提出明确的标准和要求。学校在下达资助工作任务时，没有对辅导员发布资助信息的时间、场所、内容和方式提出要求，也没有开展与资助相关的育人实践活动。只要能够顺利完成助学金的评定工作就是完成了资助工作任务，所以，高校资助育人工作一直处于停滞状态。

从辅导员的角度来说，学生资助中心将资助信息下达给班主任后，由辅导员向学生发布资助信息。辅导员老师普遍认为将资助资金发放给家庭经济困难的学生就是做好了资助工作，而没有意识到资助工作的重点应该在育人方面。在访谈的辅导员中，有已经工作十几年的老教师，工作经验非常丰富。在高校资助育人工作上，他们能够准确地识别出班级的贫困学生，也能够顺利地化解学生在资助评审中出现的问题，但会存在经验主义、思维定式等弊端，没有想过要在资助育人工作中求新求变。同时，也有的辅导员在工作中存在职业倦怠感。学生的素质普遍偏低，辅导员的教育和引导能够起到的效果较不明显，很多辅导员缺乏打破现状的信心和勇气，不愿意花费时间和精力去培养学生。

还有的辅导员谈到，有些家庭经济困难的学生内心世界非常敏感脆弱，他们害怕因为家庭贫困而被老师看不起，被同学们"边缘化"，所以不愿意主动申请助学金。辅导员会主动和这类学生进行深入的沟通交流，缓解学生的精神压力，从思想上进行正确的引导，让学生放下心里的包袱，用积极的心态和乐观的情绪面对目前遇到的困难，鼓励学生主动申请助学金。虽然这类谈话可以起到一定的育人的作用，但是出发点是让家庭经济困难学生获得经济资助，而不是出于育人的目的。同时这类谈心谈话没有形成体系，缺乏系统性和持续性，能够起到的育人效果也相对有限。

2. 资助信息传播媒介单一

口语传播是资助信息发布的首要传播媒介。每年进行资助工作时，辅导员都会采用口语传播的方式向学生传达资助信息，简单告知学生资助工作的时间、申请材料等事务性的信息。没有在班会之前精心设计班会的内容，准备讲稿等，也没有采取其他辅助手段，增强班会的效果。

近些年，随着网络的兴起，学校的班级和家长也都陆续建立了微信群。个别辅导员为了能够省时省力，将资助工作相关的通知文件"复制—粘贴"式地直接转发到班级微信群中，作为资助信息发布的辅助手段，让学生和家长自己阅读资助相关文件，理解政策要求，完成资助的评审工作。没有考虑如何通过传播媒介的变化和更新，更加广泛、深入地传播资助育人信息，实现育人目标。

3. 资助信息传播队伍薄弱

通过之前的分析，可以发现资助育人信息的发布主要依靠辅导员。与学校的学生数量相比，单单依靠辅导员作为资助育人信息的传播者显然是不够的。辅导员一个人输出的育人信息不能够让学校的育人工作明显改善。仅靠辅导员个人的努力，而其他教师对学生的道德要求降低，言语行为与辅导员的育人信息内容不符，辅导员的育人工作也会起到负面的作用，让育人工作功亏一篑。因此，学校的教职员工都要将自己看作学生的榜样，在学生中展现良好的榜样形象，为学生的育人工作提供模仿对象。教师良好的行为是学生最好的学习榜样。如果教师要求学生按时上课，自己却频频迟到，那么学生就不能够养成遵守时间的良好行为习惯；如果一个教师要求学生在上课期间不看手机，但自己却经常在课堂上接打电话、翻看手机，打扰教学过程，那么学生就无法在上课期间也不看手机。学校要认识到资助育人信息传播队伍薄弱的现状，借助国家大力提倡"三全育人"的契机，对其他教职员工的行为和模范作用提出明确的约束和要求，将学校的育人工作凝聚在一起，协同做好高校的资助育人工作。

总之，资助信息发布环节是高校资助育人工作的开端，也是学生认识和了解国家资助政策的起始阶段。学校和辅导员能够在信息发布环节多下些功夫，工作上沉得下去，扎实、稳妥、高效地完成资助信息的发布，无疑会给之后的资助环节奠定良好的基础。但是通过访谈的实际情况可以看出，在资助信息发布过程中，学校还没有形成从信息发布环节开始育人工作的意思，从未对资助信息的发布内容、发布过程、发布方法提出具体而明确的要求。辅导员也是单纯地从完成班级资助评审工作的目的出发，向学生发布资助信息。没有能够主动地将育人元素提炼、归纳、融合在发布的资助信息当中。学生就不会接收到与资助育人相关的信息内容，资助信息发布环节的育人作用也就无从谈起。

（三）资助评审程序缺乏育人观念

在班级评审环节中，辅导员作为评审过程当中的主导者和实施者，起着关键性的作用。在班级评审流程环节中，存在着简化评审程序的现象。辅导员用最短的时间和最简便的方法完成评审的流程，确定受助人名单。班级评审流程缺乏育人观念主要体现在以下两个方面：

1. 评审流程简单化

为了快速完成资助评审，避免其他人为因素对评审结果造成影响，辅导员在半天时间内就可以完成从学生申请到确定受助人的整个过程。这种"速战速决"的方法在一定程度上可以避免个别学生想靠"托关系、找门路"获得助学金的现象发生，但是这也反映出高校资助评审中存在工作不深入、育人理念不充分的现象。

班级评审环节是学校各个年级的辅导员在学校学生资助工作领导小组的领导下，依照学校制定的相关资助程序和资助办法，组织开展国家助学金的评审工作，形成各个班级的拟资助名单。辅导员作为班级是评审环节的具体施行者，负责本班级的整个评审过程，评审中要保证公开、公平、公正。因此，班级评审环节是学生最为关注的，最能引起学生的注意。在班级评审中，辅导员要提高思想认识，注重个人的价值导向和师德师风行为，能起到较好的育人效果。但是，在实际的评审过程中，很多辅导员并没有认识到个人行为、价值导向对学生的影响，只是单纯地考虑申请助学金学生的家庭经济情况、学习成绩和日常行为表现。然后依此作为依据，确定受助学生名单，就是完成了班级评审工作。评审工作的育人作用主要体现在班主任的个人行为上。如果辅导员能够坚持原则，将学生的家庭经济情况作为评审的第一标准，班级里真正贫困的学生获得了助学金，那么就能够对学生价值观的建立起到正向的引导作用，学生能够感受到社会的公平、正义。但是，如果辅导员不能在评审过程中坚持公平、公正原则，不仅不能对学生产生育人作用，而且会对学生价值观的塑造产生负面的影响。

评审流程的简单粗糙还体现在对于学生个人隐私的保护上。学生正处在人生当中的特殊时期，会表现出对抗情绪，内心世界也非常细腻敏感，能够敏锐地感知到外界的变化，特别是家庭经济比较困难的学生。这些学生有的父母离异，有的是留守儿童，还有的父母是残疾人，导致他们每个人身上都存在着这样或那样的问题，但他们存在一些相似的心理特征，例如不愿表达自己的内心情感、遇事比较怯懦、害怕他人异样的眼神等。在班级评审过程中，班级评审小组要注意评审过程中的方式方法，将家庭经济困难学生的个人感受和自尊心放在首位。有的班级在评审中为了体现所谓的"公平"，在班级内公开申请助学金学生家庭详细情况，组织全体学生进行投票，并根据投票数确定受助学生的名单。这种方式虽然可以体现所谓的"公平"，也会避免学生因为没有受助而有情绪和意见，但是会对申请助学金的学生产生心理上的伤害。这样的工作方法只是单纯地为了完成受助学生确定的工作，没有考虑学生的个人感受和心理影响，更没有体现资助工作的育人目标，是不恰当的工作方法。有的申请助学金学生甚至会因为个人自尊心较强而放弃参加评审。由此看出，在评审的方式上，辅导员从关心、保护申请学生的角度出发，选择更加合理、暖心的方式，让家庭经济困难学生能够放下心理的负担，用乐观向上的态度看待受助行为。

2. 忽视师德师风的作用

近年来，由于个别学校教学质量不佳，学生生源质量下滑，学校一直处于各类教育的边缘。教师队伍建设也比较松懈，出现了很多问题。学校在教师的培育上，只重视专业和业务的学习，忽视了师德素质的提高，不重视师德师风建设，导致个别教师思想上滑坡。这些情况不利于学校资助育人工作的开展。党的十八大报告提出要把立德树人作为教育的根本任务，培养德智体全面发展的社会主义建设者和接班人。党和国家一直把"立德树人"作为教师的工作任务和目标。立德树人不仅要传授知识、培养能力，更重要的是引导学生树立正确的世界观、人生观、价值观、荣辱观。

因此，学校的教师在工作中更要注重师德师风，要在教育教学的过程中向学生树立正向的榜样。国家助学金的评审因为涉及经济利益，总会有人绞尽脑汁、想方设法获取国家的经济资助。不论是开具虚假贫困证明，还是托关系、找门路，最后都要通过辅导员的审核，获得辅导员的认可。个别辅导员因为个人素质不够硬，价值观念存在偏差，对学生的虚假证明熟视无睹，对学生的不诚信行为没有进行引导、纠正，甚至默许这类违反公正原则的行为发生。有时候也会为个别家庭经济并不困难的学生创造条件，使其能够符合申请条件，获取国家助学金。这种种的行为和做法，违背教师的行为规范和道德准则，会对学生的思想道德素质培养造成不良的后果。学生会对社会的认识产生偏差，不再认为个人努力是获得成功的条件，而是靠各种关系、门路，从而放弃了个人奋斗的想法，思想上更加懈怠、懒惰、依赖。因此，在助学金评审环节，辅导员应该认识到个人师德师风在育人方面的重要作用，重视个人师德师风修养。

（四）受助人培养环节缺少育人活动

在资助育人中，资助和育人是相辅相成、不可分割的有机统一体，资助是育人的手段，育人是资助目标。高校资助没有发挥育人的作用，就失去了资助的意义和灵魂。但是，在目前资助育人的工作中，仅以简单的经济资助为主，能够起到的育人作用非常有限。特别是确定受助人之后，几乎没有学校开展帮助受助学生成长成才的育人活动。

从理论上来说，完整的资助育人过程应该由资助信息的发布、学生申请、评审程序、确定受助人、受助人培养、效果反馈六个环节组成。但是，资助育人工作并没有有效开展，受助人培养环节还不成熟，各项育人活动没有充分挖掘，没有形成整体性、系统性。

受助学生和未受助学生在学校中的德育内容、目标、方式是一样的，没有建立专门针对受助学生个人成长、心理特点的育人方法和措施。受助学生和普通学生相比，在心理上、生活上更应该予以更多的关注，他们不仅仅需要物质上的资助，更需要精神上的鼓励、支持和帮助。

一是要帮助受助学生正确看待资助政策。要以资助为平台，转变学生对于国家助学金的一些偏见和不端正的态度，变消极为积极，变被动为主动。让学生认识到，国家资助提供的平台可以为他们插上成长的翅膀，助推个人成长发展。

二是要在日常行为习惯上进行纠正和指导。从调查中发现，学生大都因为家庭、个人等，从小没能养成良好的日常行为习惯，例如注意力分散、不遵守纪律、劳动意识观念淡薄等。要根据学生的特点，开发适合学生特点的培育项目和活动，从基础做起，帮助学生培育良好的日常行为习惯，才能使学生有质的飞跃。

三是要对受助学生进行心理上的关怀和指导。心理健康的培养是受助学生最迫切的需求，甚至比经济上的帮扶更为重要。经济帮扶只是解决受助学生一时的困难，而拥有健康的心理品质却可以让受助学生一生受益。多年以后，当又面临人生困苦的时候，学校教育养成的良好心理品质能帮助学生渡过难关，改变命运。因此，学校要将受助学生的心理健康教育纳入受助学生培养体系当中，通过各种心理健康教育，改变受助学生的心理现状，弥补受助学生的性格缺陷，逐渐培养受助学生健康的心理品质，掌握科学的心理调适方法，使受助学生能够学会发现自己的优点，正视自己的缺点，改善心理现状，提升受助学生的心理适应能力。

另外，目前资助缺少育人环节的弊端已经显露，如个别受助学生认为自己家庭经济困难，接收资助是"理所应当"的。这种错误的认知和态度使这类学生丧失了个人努力奋斗的进取心。这种现象值得引起教育工作者的反思。在高校资助育人上，要从出现问题、解决问题，转变为预防为主、正向引导。在育人体系的构建上，要从深度上加强对学生心理健康教育的重视，用有温度的方式和形式去加强与困难学生的沟通与交流，搭建平台帮助学生成长进步。

在培养受助学生的过程中，也要将专业课教师和其他教辅人员纳入实施培育活动的主体中。专业教师和教辅人员认为他们的工作就是教学和其他行政类工作，育人工作和他们无关。在这样的情况下，育人工作只能依赖辅导员。因为没有切实贯彻"三全育人精神"，承担育人工作的人员较少，育人信息的信源不广泛，学生能够获取的育人信息量就相应较少。在对学校的调研中，有的辅导员也谈到自己在教育过程中努力构建学生德育的优良环境，可是有的教师的不良言行，总会成为学生品德形成的"削减器"，使得需要很长时间才养成的品德行为在瞬间崩塌，甚至让学生很快形成不良的行为习惯。

（五）资助育人过程缺少评价反馈

资助育人效果反馈是整个资助体系的最后环节，着重检验资助育人效果的作用。但是因为受助人培育环节开展不佳，效果反馈也没有在实际工作中发挥应有的作用。究其原因是资助育人工作相应的激励机制没有健全，既没有对资助育人工作提出明确的育人评价指标，也没有在育人工作中实施相应的奖惩措施。

在资助工作的考核上，一直以来的重点都放在资助上。比如受助人的数量有没有超过规定的比例、受助人是不是符合受助条件、上报的受助人信息是不是准确等，并以此作为学校资助育人工作开展好坏的评定依据。那么，学校在对班级资助工作的开展上，也没有过多地在育人方面提出要求，辅导员只要完成好事务性的工作，就是做好了资助工作。在育人方面，没有任何的具体要求和评价指标，省级资助管理部门没有对学校提出要求，学校也没有对辅导员提出要求，育人工作有没有开展，开展的好坏对于学校资助资金的发放、辅导员的工作考评等没有任何影响，这直接导致学校在资助育人工作上缺乏动力。学校和辅导员对于育人工作也都较懈怠，不愿过多地去进行深入的育人工作，更不会主动思考和探索育人的新方式和新途径，没有主动育人的意识。

（六）发展型资助工作队伍建设不完善[①]

发展型资助工作队伍的建设水平影响着资助育人活动落实的程度。传统保障型资助只关注受助学生的生存问题，开展以事务性为主的工作，对工作人员的专

---

① 柴诗. 江西省高校发展型资助育人活动的发展水平研究[D]. 南昌：江西财经大学，2021：50-51.

业性程度要求较低。发展型资助作为新时代新的社会矛盾关系下的产物，关心的是贫困生个性成长与发展，更加关注他们的能力培养，对资助队伍建设提出更高的要求。但当前各高校的发展性资助工作队伍构建理念未更新，导致了活动准备不充分、形式创新不够和活动效果不佳等问题。

1. 工作队伍构建不合理

从管理队伍结构上而言，当前高校发展型资助工作队伍由资助中心工作人员、辅导员和学生助理组成，兼职人数占比较大。兼职人员由于工作内容的不固定，难以对学生资助工作投入过多的精力，对贫困生的具体情况了解也不够深入，使得学生资助部门的工作成效大打折扣。

另外，处理日常事务性工作是学生资助工作的常态，由于专职人员人数不多，每位专职人员所需要承担的任务量较大，这就压缩了他们思考精进发展型资助育人工作的时间和精力。对于个别辅导员来说，发展型资助育人工作仅仅是日常工作之一，没有必要进行深入理解，导致了在发展型资助育人活动政策落地开展时，出现效果不佳的情况。

2. 工作队伍培训不系统

因为个人能力受后天培养的影响，所以对从事资助育人工作的人员进行培训是有必要的。一方面由于发展型资助育人活动开展时间较短，相关管理事宜都需要在实践中摸索总结，并形成经验；另一方面，发展型资助育人工作是一项时间跨度较长且相对繁杂的工作，需要工作人员有先进的思想。所以，资助育人工作的从业人员既需要通过短期的专项培训来应对简单的事务性工作，也需要长期的思想熏陶，潜移默化中达到专业化的工作水平。然而，当前各高校尚未形成系统的有关发展型资助的工作人员培训系统，并且有关资助新政策、新举措的学习计划很少，大大影响了从业人员的工作效率。此外，由于兼职人员还有其他的职责和任务，在资助育人工作上可以付出的时间、精力有限，对他们进行培训的难度较大，加大了实现资助专业化的难度。

（七）贫困学生自身[①]存在的问题

1. 受家庭影响产生失信行为

父母是孩子的第一任教师，如果家长在孩子的成长过程中，没有进行良好的道德教育，没有为子女树立良好的诚信形象，那么孩子在日常行为中就可能出现失信行为。在贫困学生认定过程中，一般以班级为单位开展民主评议，在评议过程中，存在学生之间互相比惨、比穷的现象，有的学生会隐瞒真实的家庭经济状况，甚至让家长帮助其伪造虚假材料。学生出现失信行为，也会造成学校在贫困学生认定过程中出现不够精准的现象。在办理助学贷款的学生中，有些学生没用贷款缴纳学费，而是擅自挪用贷款进行其他消费，还有一些学生到了还款期限，没能按期还款。这些都属于学生的失信行为。

2. 因贫困产生自卑心理

相比过去，当代大学生情绪敏感，容易受周边环境所影响。在开展民主评议时，一些因贫困产生自卑心理的学生，不愿公开自己的家庭情况，未能主动向教师提交认定材料，可能会出现应助未助的现象。

3. 错误的消费观念，缺乏感恩意识

有些学生存在拜金主义和铺张浪费的问题，在助学金下发后，没有珍惜这笔来之不易的补助金，认为自己理应获助，缺乏感恩意识，存在铺张浪费、请客吃饭的现象。当代大学生应该树立正确的消费观念和感恩意识。贫困学生更亦如此，应该做一个勤俭节约、懂得感恩的人。

[①] 韩锦泽. 初探新时代高校资助育人体系的完善[J]. 黑龙江教育（理论与实践），2022（01）：48-50.

第三章 高校资助育人的理论基础

新时代，高校资助育人工作不断前行，建立了物质支持、道德熏陶、能力培养和精神激励有效结合的发展资助体系。针对精准化、发展化的资助需求，凭借高校资助育人的理论基础，资助工作从对经济困难大学生的经济保障到对学生的发展支持和价值引导。本章分为高校资助育人的现实依据和高校资助育人的理论依据两部分，主要包括坚持"以人为本"思想、践行"人的全面发展"理论等内容。

第一节 高校资助育人的现实依据

一、贯彻落实党的"二十大精神"的需要

党的二十大报告指出："我们要办好人民满意的教育，全面贯彻党的教育方针，落实立德树人根本任务，培养德智体美劳全面发展的社会主义建设者和接班人，加快建设高质量教育体系，发展素质教育，促进教育公平。"为了落实立德树人根本任务，近年来，不断强化资助育人理念，构建资助育人质量体系，把立德树人根本任务融入学生资助工作全过程。高度重视并充分实现高校资助家庭经济困难学生的普及教育功能，努力推进高校资助普及教育工作，最终达到落实高校立德树人根本任务。

二、提升高校资助育人"获得感"的需要

（一）高校资助育人"获得感"产生的背景

强调[1]和关注人民群众"获得感"，是我们党对改革实践进行理性思考的结果，

---

[1] 卢文芸，胡敏. 新时代高校资助育人的"获得感"及其提升策略 [J]. 东华大学学报（社会科学版），2022，22（1）：95-100.

是我们党"以人民为中心"基本立场的具体体现。党的二十大报告中提到,十年来,人民群众获得感、幸福感、安全感更加充实、更有保障、更可持续。增强高校资助育人工作的"获得感"是学生资助教育工作创新发展和质量提升的关键点,它回答了"培养什么样的人、怎样培养人、为谁培养人"的基本问题,这对于实现教育强国的梦想具有重要的现实意义。

(二)高校资助育人"获得感"的生成逻辑

1. 响应人才培养的价值诉求

2015年,教育部在工作要点中提出要落实和完善学生资助政策,强调精准资助。教育部还提出要落实和完善学生资助政策,强调精准资助。

2017年,教育部启动了"扶贫"与"扶智"相结合的高校资助育人工作。通过"扶贫"与"扶智"相结合,建立了物质援助、道德熏陶、能力培养、精神激励有效结合的发展资助体系,为新时代高校教育资助工作指明了方向。针对精准化、发展化的资助需求,资助工作应从对经济困难大学生的经济保障到对其个人发展和价值取向的支持,都有了新的方向,不断加强针对性服务,提高关爱、服务、教育、培训工作的实效。

2. 践行立德树人的使命追求

高校的资助育人工作是一项保障民生、弘扬人性、温暖人心的重要工程,也与教育公正、消除贫困和公共教育现代化有关。从马克思主义哲学的角度来看,我们今天所看到的满足人类需求的过程,是一个从认识、肯定和实现自身社会性的过程,人类的需求充分表达了人类的社会性、历史性和过程性。随着来自家庭经济弱势背景的学生逐渐长大,他们的教育水平逐步提高,他们的内部需求也在不断增加。在成长和发展的岁月里,高校可以通过资助育人工作提供关怀和支持,这不仅可以减轻学生的物质负担,而且可以帮助他们减少焦虑、降低心理压力,通过实现个人价值获得满足感和归属感。因此,从家庭经济困难学生的角度看,高校资助育人工作的"获得感"效应是由受资助者自己创造的,它与资助育人工作的过程是一致的,但超出了资助育人工作本身的附加价值。

3. 彰显提质增效的时代需求

当前,新时代的高等教育也面临着比以往任何阶段、任何时期都要复杂多样的新形势、新机遇和新挑战。只有不断深化教育系统内部结构，促进其转型和实现现代化，不断提高教育效率，才能适应新时代的发展需要。高校资助育人工作在新的历史方向上的战略定位，顺应了时代的发展，满足了国家的需要。

（三）高校资助育人"获得感"的内涵

1. 充分经济保障的安全感

安全作为一个心理学概念，具有非常丰富的内涵。马斯洛将安全感定义为"一种自信、安全和免于恐惧和焦虑的感觉，特别是感觉到现在和未来的需求得到了满足"。根据马斯洛的理论，人类的心理需求可以分为五类：生理需求、安全需求、归属和爱的需求、自尊的需求和自我实现的需求。在最基本的生理需求得到满足后，对安全的需求就出现了。研究发现，由于家庭经济困难，需要高校资助的学生往往面临着学业和生活的双重压力，或多或少地出现心理上的问题，比其他大学生会更容易出现人际交往关系差、抑郁症和焦虑症这一系列问题。在经济层面上，高校资助育人"获得感"体现在为在学习和继续教育中遇到经济困难的大学生提供担保。目前，高校的资助体系和教育政策在很大程度上解决了家庭经济困难大学生的经济问题，让他们能够安心学习，大大增加了他们的安全感。

2. 素质全面提升的主体感

主体感属于意识领域，它产生于现实生活之中的人，是主体参与现实实践的一种主观感受。主体感的觉醒、出现和巩固是提高"获得感"的关键。从主体间性的角度来看，资助教育的主体由（资助）教师和（受资助）家庭经济困难的大学生组成。学生不是被动的管理、服务和教育对象，而是作为资助育人工作过程中的自觉主体，他们也以平等的主体身份参与整个资助过程中，并意识到自己作为主体参与的价值。因此，对高校资助教育的一个重要理解是，家庭经济困难的大学生可以意识到，他们作为主体，是资助教育活动的积极实施者。2018年，全国教育大会上提出了"培养德、智、体、美、劳全面发展的社会主义建设者和接班人"的教育目标，对新时代高校资助育人工作提出了新的要求，不仅要激发学生工作的主动性，更要培养学生的主动性。

3. 高度自我认同的存在感

存在感就是指人对自身存在的经验和体验。通过意识到自己的存在，人们能够克服各种分离，并整合自己。只有自给自足的意识才能使人的不同经验具有连贯性和统一性，将身体和心灵、人和自然、人和社会等联系起来。存在的来源有两个：对外部环境的感知和个人对自己的内在取向。就大学的资助育人工作而言，存在感是指家庭经济困难的大学生可以与学校共同创造和分享资助育人工作的价值的传递领域，在这个领域里，他们达成了对自己的学习、生活条件和价值实现的看法。从外部来看，这体现在来自家庭经济弱势背景的学生从外部世界得到的尊重和认可。在内部，它表现为他们从贫穷和自卑的感觉中解放出来，以及他们的独立和精神及生活的改善。家庭经济困难的学生会通过资助获得一种存在感，同时他们的"获得感"也会相应提高。

近年来，北京大学等高校进一步探索组建以家庭经济困难学生为主的"慈善公益服务队"，让学生融入服务队组织，在公益活动中获得尊重，这大大提高了学生的存在感，成为众多高校资助育人活动中成熟经验的典范，并加以不断地推广。

4.青春梦想实现的价值感

高校资助育人工作有着双重使命，一方面需要为家庭经济困难的学生提供经济上的"恰到好处的帮助"；另一方面，需要以提高道德价值和美德的方式对家庭经济困难的学生进行价值引导，让他们的道德观念、价值认知得到提升。高校资助育人工作的价值感就是家庭经济困难大学生对自我价值实现的肯定状态，为家庭经济困难的大学生提供了自我实现的机会。在高校资助和教育活动中，价值观的内容也是因事而变、因时而进、因势而新，要从当前引导学生知恩感恩和自强自立，提升到对社会主义核心价值观的认同和践行。要引导他们提高爱国主义意识，树立远大理想，自觉把青春梦想融入伟大的"中国梦"，实现自身价值，为国家富强、民族复兴而奋斗，从而"扣好人生的第一粒扣子"。

第二节　高校资助育人的理论依据

一、"以人为本"理论

（一）"以人为本"理论的历史渊源

"以人为本"是马克思主义唯物史观的一个基本原则。马克思批判性地再现了现代欧洲的人文主义传统，并在此基础上发展了他的"实践人文主义"。在1844年的《政治经济学哲学》手稿中，马克思在自己的思想体系中提出了对人文主义的探索。马克思的唯物主义历史观是一种"以人本身为最高存在"的理论，其基本思想是自始至终"把人放在中心位置"。

中国文化中"以人为本"思想，融合了马克思主义的精髓，与毛泽东思想相辅相成，不仅诠释了时代的精神诉求，对社会主义建设与发展也有深刻影响。

"以人为本"的理念需要根据时代的情况进行调整和修改，并根据当前的社会和经济形势，引入新的内涵和定义。在新时代，"以人为本"的思想更加响亮和深刻，不仅超越了中国古代人本思想和西方人文精神的局限，而且创造和表达了具有中国特色的"以人为本"思想，这是"以人为本"思想的一个重大突破，是与时俱进的"以人为本"思想发展的必然结果。

（二）"以人为本"理论的重要意义

1."以人为本"思想对高等教育扶贫的影响

高等教育扶贫工作中的以人为本，意味着扶贫工作必须建立在对人的深刻理解和研究基础上。其出发点是在对贫困人口的救助中贯彻人文关怀的理念，充分利用受助学生的主体性，尊重和理解受助学生，使救助的方法和手段个性化和人性化，在处理经济困难学生的原则基础上促进受助学生的发展。

具体地说，大学的人文工作有以下几个方面：

首先，通过帮助缓解学生经济困难，解决许多因贫困造成的问题，如对生活、学习、人际交往、心理和就业能力的影响得到缓解，使贫困学生处于与普通大学生平等的发展基线上，从而达到全面发展的目的。

其次，帮助家庭贫苦学生需要将受资助学生的个人需求与对其整体需求的探索相结合。我们不仅要研究家庭经济困难学生的一般特点，还要深入研究不同家庭经济困难学生，找出每个家庭经济困难学生的鲜明特点，然后根据他们的不同情况采取相应措施，对家庭经济困难学生实施个性化的帮助和教育，从而真正满足家庭经济困难学生的需求，使资助和教育工作取得更大成效。

最后，帮助学生充分实现他助、自助和帮扶相结合，他助教育和自我教育相结合，恢复受援者的独立性。

可以说，救助家庭经济困难学生的人文工作以学生自身为出发点，坚持以人为本，以家庭经济困难学生的发展为主要目的和归宿，以救助家庭经济困难学生的具体方法和手段为主要内容。这不仅强调教师的主导地位，而且强调家庭经济困难学生的主体性，形成改变贫困学生的不利心理，培养贫困学生的自尊、自重和自立。该计划旨在改变贫困学生的心态，培养他们的自尊、自重和自立，促进他们在道德、智力、身体和精神方面的全面发展。

2."以人为本"对国家发展的重要意义

（1）加强党的领导

"水能载舟，亦能覆舟。"管理14亿中国人的中国共产党必须始终坚持"人民至上"的原则，把人民的利益和安全放在第一位，为人民的利益而奋斗，维护党的威望，加强党的领导。一个政党是否始终遵循"以人为本"的原则，对党和国家的命运有着深刻的影响。一个政党只有真正做到"以人为本"，强调人民的重要性，肯定人民对历史的贡献，真正做到执政为民、关注民生、维护人民的利益，才能更牢固地确立自己的领导地位，永远保持生命力。

（2）保持稳定和可持续的经济发展

在经济发展过程中，必须关注"以人为本"，党和政府深入到人民群众的感受和困难中，听取他们的意见。中国共产党第十一届中央委员会第三次全体会议以来，我们党在推动改革开放，建设现代化的道路上取得历史性成就。当然，发展有其历史局限性和问题，经济和社会中的贫富差距扩大以及民生问题等。针对这一系列问题，党和国家应根据实际情况进行调整，实施可持续发展，加强对"人民"和"民生"的关注，实现经济稳定持续增长。

（3）建立一个和谐的社会

既然社会的主体是人，构建和谐社会的本质当然离不开人与人之间的和谐。我们党必须始终遵循以人为本的原则，通过适当的政策保障，促进和谐社会的建设，维护良好的社会关系，尽可能公平公正地分配物品和利益，尊重大多数人的意愿和利益，切实建设"繁荣、富强、民主、文明、和谐、自由、平等、公正、法治、爱国、诚信、友好、以人为本的社会"为目标。社会主义的核心价值观用平等和自由来保护人们的利益。在社会主义核心价值观中，坚持在法治的前提下，用平等和自由来维护人民的利益，保障人民的权利，实现利益的和谐，用诚信和敬业来调动人民的积极性，等等。

3."以人为本"对资助育人的重要意义

（1）坚持人民至上，以人为本的原则

社会在不断发展，高等教育也需要不断更新教育理念，调整教育内容，以适应社会的需要。只有不断创新和发展，才能保持高等教育的活力和生命力，实现高等教育的科学发展。制定和完善国家经济援助政策，科学合理地落实到高校，让经济困难学生享受到国家经济援助政策，是落实以人为本的管理理念，贯彻坚持人民至上的意义所在。

"以人为本"的原则是新时期大学生经济发展援助的指导思想和基本理念，也是大学生经济发展援助中德育功能的逻辑起点和支柱所在。中国的经济援助从保障型经济援助逐步过渡到发展型经济援助，这与认识到"以学生为中心的学校教育"的重要性有关。秉承"以人为本"的理念，高校必须注重学生的全面发展，将以往只注重经济资助的资助方式转变为注重学生思想、能力、素质和道德品质的现代发展型资助方式。只有这样，才能将以往只注重经济援助的资助模式，转变为注重学生思维、能力和道德品质的现代发展型资助模式。

（2）教育领域落实以人为本理念的必然要求

高校存在的意义不仅是教授学生科学文化知识，更重要的是育人，培养有独立意识的人，而不是培养创造社会的工具人。我们把人作为出发点，把人的各个方面作为出发点，当然还有教育，也就是对人的教育。联合国教科文组织的报告"学会生存"指出，"发展人的自立能力和促进人格的全面和谐发展应是现代教育的基本目标。"

（3）高校资助育人工作自身发展的客观要求

大学的主要任务是培养人，但从人力资源开发的角度来看，资助育人，不仅要解决有没有书读，更要解决毕业后有没有出路，有没有竞争和发展的能力。具体来说，我们不仅要为经济困难的学生提供基本费用，并提供相应的保护政策，必须将物质和精神扶贫、心理指导和自我调节、扶贫和激励结合起来，通过提供公平的教育机会、教育条件来实现援助机制的教育功能，培养和提高经济困难学生的生存技能、社会技能和创造力，提高经济困难学生的就业能力，以及获得知识、运用知识的能力，这是高校资助育人工作的主要目标。

（4）受助学生全面发展的主观诉求

根据马斯洛的需求理论，人类有社会交往、尊重和自我实现的需求。经济困难的学生通过克服各种困难，作为优秀人才进入高等教育机构，不仅是因为他们想学习，还因为他们想利用高等教育的资源来充分发展自己，实现自我的价值。

（三）"以人为本"理论下高校资助育人工作的实施

1.拓宽资助渠道，扩大勤工助学覆盖面

除了国家和社会提供的大量免费补贴外，高校应积极寻求提供工作补助等有偿补贴的途径。对学生来说，勤工助学有一个总体功能：学习的自我补偿、能力的自我利用、思维的自我教育和经济独立的补偿。鼓励和引导有经济困难的学生通过自力更生、自我成长和自助。

这种实践的强大教育对大学生的全面发展有很大的贡献。同时，高校应完善勤工助学学生的补贴，加大对勤工助学学生的资金支持，从多方面开拓勤工助学岗位，建立稳定的"多元化"工作经验学习模式，结合贫困学生的专业素质和知识优势，整合学校资源，开发勤工助学岗位和工作经验学习，促进学校的勤工助学和学习活动发展到更高的水平。

勤工助学活动与专业实践挂钩；勤工俭学活动与教师的研究活动挂钩。工作和学习活动与社会实践活动挂钩；工作和学习活动与课外科技活动挂钩。在工作实习期间，学生可以发展诸如独立、社会适应能力、责任和生活规划等技能。该计划旨在提高学生的独立性、社会适应能力、责任感和对生活规划的理解。

2."以人为本"从"心"出发，物质和精神并重

高校资助育人工作不仅要关注学生的物质贫困，更要关注学生精神层次的自

我发展，以解决他们的经济困难，并且加强他们的精神支持，从而进一步实现他们的自我发展和提升。因此，需要国家、社会、学校和家庭的合作与支持，不断完善相关制度，发展以人为本的教育模式。简而言之，为了很好地利用财政支持开展工作，需要了解以下三件事：

首先，必须有一个强有力的教育导向。要做好国家经济援助政策的宣传工作，使学生对党的大政方针有一个全面的了解，真正掌握社会主义制度的优势，增强社会主义的原则和价值观。

其次，了解教育的性质。要通过一系列的感恩教育活动，有意识地培养学生的社会责任感和自身意志力，把学生的个人成长和成才与热爱祖国、服务人民有效地结合起来，教育和引导学生用良好的知识和过硬的本领服务祖国、服务人民、回报社会。

最后，坚持以人为本，充分尊重教育规律和学生发展规律，加以合理的协调整合，为促进学生成长、学业提高和身心健康的有机结合，构建体系和制度结构打下坚实的基础，最终促进学生德、智、体、美、劳的全面发展。

二、"三全育人"理论

（一）"三全育人"理论下高校资助育人工作的内涵

"三全育人"是一个具有系统性、整体性和全面性的育人理念。育人工作是"三全育人"的实质，也是关键。要根据学生身心发展的特点和思想政治教育的规律，培养完整健康的德育模式，"三全育人"的概念是具有时代内涵的。建立一系列完整的、与时俱进的、科学的、准确的、运行高效的资助育人体系，根据"三全育人"方针，资助工作与学生的成长成才能更好地紧密相连，能够更好地促进学生全面发展，切实履行德育工作的使命。

1. 资助育人："三全育人"的重要内容

2017年12月[1]，中共教育部党组印发的《高校思想政治工作质量提升工程实施纲要》提出了以下建议："全面执行课程、科研、实践、文化、网络、心理、管理、

---

[1] 廖燕群."三全育人"背景下高校资助育人的路径优化——"三全育人"背景[J].百色学院学报，2021（5）：124.

服务、融资、组织等工作的育人职能"，发掘育人要素，完善育人机制，优化评价激励，强化执行保障，切实建立"三全育人"改进体系。在"三全育人"目标的指引下，高校应围绕立德树人的核心任务，坚持以"三全育人"为指导，全面推进资助教育工作、思想政治教育工作改革，贯穿资助教育、家庭、社会等各个环节。目的是为家庭经济困难的学生提供必要的帮助，解决他们的经济困难和思想问题，促进他们的成长和全面发展。开展经济援助教育工作，需要全员、全过程、全方位的教育，充分利用学校各部门、学生家庭和社会组织的教育资源，整合他们的优势，建立系统的经济援助教育体系，从而使教育更加有效。"三全育人"要求高校在学生成长的各个阶段做好人才培养工作，做到"不让一个学生掉队，不让一个学生困难"，让所有学生不因家庭经济困难而失去上学的机会，把资助工作与教学工作有机地结合，促进学生的全面发展。

2. 资助育人："三全育人"实际转化的要求

在资助育人实践中运用和转化"三全育人"的理念，目的是克服资助育人工作面临的各种困境，以及产生的各种问题。为此，要改革和创新资助育人的具体内容、活动和标准，准确查找资助育人工作的差距，创新资助工作的方法和技巧，提高资助育人的质量。目前，对大学的财政援助形成了一个由政府主导的涉及学校和社会支持的"三位一体"系统。资助服务主要包括国家奖学金、国家励志奖学金、院校助学金、学生贷款、工作助学金、见习教师和退伍军人的学费减免、临时困难补助和热门奖学金。为了进一步保障和落实教育公平，弥补高等院校教育资助工作的缺陷和不足，有必要共同建立完善的教育资助体系。为此，高校要明确各部门的权责，在学生成长成才过程中全面落实资助育人的政策，确保资助和育人的全面覆盖，避免出现缺失、失衡的现象，努力发挥资助育人的功能，确保学生德、智、体、美、劳全面发展，建立高校资助育人新模式。

3. 资助育人："三全育人"的一个有效手段

全面持续推进"三全育人"工作，是具体履行德育使命，提高资助育人质量和水平，强化其价值效应和作用的有效途径。德育工作的成效是检验整个学校工作的基本标准，德育工作内化于高校建设和管理的各个领域、各个方面和各个环节，其中树人是核心，德育是基础。需要培养中国特色社会主义的合格建设者和能够承担民族复兴重任的可靠接班人，所以，立德树人是非常有必要的。

（二）"三全育人"理论下高校资助育人工作的独特性

以育人为基础，旨在通过整合不同领域的主体对育人工作产生协同效应。注重对学生的全程跟进，确保学习的针对性、准确性和及时性。以学生的全面发展为目标，尊重学生的独立性，坚持提高学生的综合能力。

1. 育人主体要求：全员育人

解答了"谁来资助育人"的问题。在"三全育人"模式下的高校学生资助育人体系，正是基于系统理论的基础上，动员全体教职工参与到高校学生资助育人工作中。当然，全员育人并不意味着所有人员都放弃自己的工作，专注于资助育人工作，而是在保质保量完成工作的同时，潜移默化地做好思想教育工作，将思想教育融入工作中，参与学校的资助育人工作，确保学生教育工作的整体成绩优秀。

2. 育人内容要求：全程育人

解答了"怎样来资助育人"的问题。高校学生正处于"三观"形成的关键阶段，他们的思想在很长一段时间内逐渐从幼稚发展到成熟。因此，对学生的财政支持应纳入其学习的各个阶段、各个时期。在整个教育过程中，应根据学生发展规律选择不同的、阶段性的内容，实现因人而异、因时而异的教育目标，提高资助教育的针对性和有效性。

3. 育人场域要求：全方位育人

解答了"资助育什么样的人"的问题。按照"三全育人"模式的原则，高校学生资助育人的目的是促进学生的全面发展。就大学生而言，全面发展可以概括为德、智、体、美、劳五个方面，这一教育内容应融入高校资助育人工作的各个环节。"三全育人"模式坚持通过整体教育工作和大学生的全面发展来拓展经济援助的教育渠道，通过各种教育渠道和手段对大学生进行直接和间接的思想教育，推动学生充分挖掘潜能，从而提高学生的道德和文化修养。

（三）"三全育人"理论下资助育人存在的问题

1. 资助体系不够健全，识别精准度不高

虽然高校资助工作得到了快速发展，但目前高校资助体系仍不够健全。国家的资助政策是为了解决学生不能接受高等教育的困难问题，因此资助几乎是免费的。只要他们提交申报相应的证明材料，就有可能获得数以千元甚至上万元的资助，这可能会让学生产生一系列错误的想法，认为免费的资助不要白不要，致使真正需要的学生得不到资助。

2. 育人的有效性不明确，重资助轻育人

近年来，我国高校的资助育人工作取得了一定的成绩，特别是在资助方面。一段时间以来，资助工作没有解决立德树人的根本问题，就是因为很大程度上忽视了育人的重要性，从而高校资助育人工作的育人效果并不明显。大多数高校只关注各种助学金的评选，与大学生诚信教育、情感培养、感恩教育有关的教育活动流于形式，通常只注重"扶贫"而不注重"扶志"。

3. 团队凝聚力有待加强，全员育人合力不足

一些高校对资助育人工作队伍的建设不够重视，只是盲目地去完成资助实践，对资助育人工作队伍的发展没有过多考虑，忽视了资助育人工作队伍建设在资助育人中的重要作用。目前高校资助工作的形式是由学生资助管理中心负责协调，各二级单位的资助管理人员负责组织和上报材料，班级工作的形式和内容过于单一，缺乏创新。大学全职辅导员与教师和学生的比例通常为1∶200甚至更多，每个辅导员负责的班级和学生太多，要评估每个学生的家庭经济状况或检查文件的真实性以发现困难是不现实的。兼职辅导员的工作重点是行政人员和几乎全职的教学人员，他们对资助的相关政策并不完全了解和熟悉，很难完成资助工作的实践。

4. 资助的受益者缺乏规划，全程育人不充分

在资助领域，普遍存在这样的现象：接受资助的学生在各方面都很优秀，能够全面认真地完成学业，但毕业后却出现了就业慢、就业难，选择的工作与专业完全不对口等问题。导致这一现象的原因大致有两方面：一方面，学生缺乏自信，对自己的专业和工作职位缺乏归属感，学习期间缺乏合理的职业规划，不能有效地实施学业计划；另一方面，许多大学没有开设职业规划课程，虽然一些大学开设了就业职业规划相关课程，但这些课程只针对高年级学生，内容拘泥于教材上的理论知识，而且相关的教科书内容过于陈旧，不能适应新时代的教学需求。

（四）"三全育人"理论下资助育人工作的意义及可行性

1. 确保教育公平的实际需要

"三全育人[①]"理念在促进教育公平、关心学生发展方面发挥了重要作用。然而，在中国式现代化的关键时刻，资助育人的主要目标不再是保证学生受教育的机会，而是保证经济困难的学生有和其他学生一样的发展和成功的机会，保证他们上学不受家庭经济困难的影响。因此，确实有必要通过建立一个基于"三全育人"概念的资助育人体系，并注重受资助学生的全面发展，以确保教育公平。

2. 促进学生的全面发展和成功

在"三全育人"理念下，虽然资助的基本目的是培养全面发展的人才，但家庭经济困难的问题意味着学生在生活学习、心理健康、人际关系、综合素养、就业和社会适应等诸多方面面临困难，这些学生在大学校园的成长和发展中越来越被边缘化，加深他们的不利处境和心理障碍。因此，高校的资助工作不仅要提供经济资助，更要关注学生的思想、情感、心理发展和综合能力的培养，充分体现资助工作在高校思想政治教育工作中的重要作用，构建和推进基于"三全育人"理念的高校资助育人体系，这与促进学生健康成长和发展的实际需要相吻合。

3. 创新资助育人工作内涵的现实需要

教育部办公厅发布了《关于开展"三全育人"综合改革试点工作的通知》，明确要求高等学校在教育理念、教育原则、教育机制、教育事业、教育方法等方面进行探索和创新。资助育人作为"三全育人"的十大教育体系之一，始终把立德树人作为核心任务，深刻汲取资助育人工作的成果，在倡导独立、诚信、感恩的同时，实施精准的财经支持。在学生资助工作上确实需要创新。以建立资助育人体系、进一步完善资助长效机制、德育教育、精神激励和能力建设为重点，把家庭经济困难学生培养成德、智、体、美、劳全面发展的高素质人才。

三、"人的全面发展"理论

（一）马克思关于人的全面发展理论的主要含义

马克思的人的全面发展理论的研究是一个不断发展和演变的过程，在《1844

[①] 于斌. "三全育人"视域下高校资助育人体系构建研究[J]. 教育评论，2022（1）：25-26.

年经济学哲学手稿》中马克思指出，"人是全面的，即作为一个整体，拥有自己的全部本质。"在《关于费尔巴哈的提纲》中，他认为，"人的本质不是个人所固有的抽象物，而是现实中所有社会关系的总和。"此外，《共产党宣言》指出："每个人的自由发展是一切人的自由发展的条件。"马克思以辩证唯物主义和历史唯物主义的锐利武器，深入研究了人与社会的关系，最终建立了成熟的人的全面发展理论。

马克思的人的全面发展理论体现了马克思主义关于人的最高理想，内涵非常丰富，但在马克思主义经典著作中没有对这个问题进行具体且深入的讨论和研究。一般认为，马克思的人的全面发展理论中的"人"是指"真正的个人"，其最终目的是真正的个人和全人类的自由和全面发展。马克思的人的全面发展理论主要有四个方面，分别是人的需要的全面发展、人的能力的全面发展、人的个性的全面发展和人的社会关系的全面发展。

1. 人的需要的全面发展

在马克思看来，人类的需求可以分为三大类：自然需求、社会需求和精神需求。自然需求是指人的本能需求，社会需求是指满足社会活动的需求，精神需求是指满足精神愿望的需求。随着社会的发展，人类的需求在不断地增加，其中，精神需求更是变得越来越重要。

根据马克思的观点，人类发展的全面性是基于人类需求的丰富和全面满足。人的需求包括物质和精神需求，涵盖了人类生活的各个方面，是人类全面发展的内在动力。同时，人类不仅需要"长大"，人类的需求也在不断发展，随着社会物质条件的变化，人类需求的层次和结构也在不断发展和变化，整体发展必须满足人的发展需要。

2. 人的能力的全面发展

马克思指出，充分发展自己的能力是每个人的责任、使命和任务。人的全面发展侧重于人的能力的全面发展，其中包括必要的身体素质、思维能力以及社会交往和团队协作能力。发展能力有助于人们适应社会生活，建立社会关系，并在全面发展中向前迈进。

人的能力主要是指应对自己以及自己与自然、社会和他人关系的能力，包括生存技能、工作技能、社会技能、合作性和创新性。马克思把人的能力大致分为身体能力和智力能力。他认为，人的能力的全面发展应结合身体和智力的能力，以实现其和谐和平衡的发展。人的整体能力发展还包括内在的能力和潜能，人的整体能力发展涉及对人的潜能的不断激发。为了充分实现人的能力和潜力，还需要不断激发潜在的能力，并将潜在的能力转化为现实的能力，从而使人的能力得到充分实现。

3.人的个性的全面发展

在马克思看来，一个人只有在"表达他真正的个性的积极力量"时才能获得自由，人的个性是"自由的个性"，即个人在不同条件下拥有的稳定的心理感知和心理素质。马克思将人类人格的全面发展分为两大类：独特性和主体性。独特性是指一个人的独有的特征，是人的特殊性和差异性的发展，每个人都是独一无二的，在社会生活中都有自己的独特价值。主体性主要是指一个人的创造力、自觉性、自发性和自主性。人的主体性，特别是其中包含的自主性，是人的个性得以充分发展的基础和依据。马克思把人分为两类："有个性的个人"和"偶然的个人"。其中人的全面发展必然是"偶然的个人"的终结，因此，人的全面发展是"偶然的个人"死亡和"有个性的个人"出现的过程。从某种意义上说，一个人的个性的全面发展就是他或她的长处或特殊技能的全面发展，特别是这种发展与社会发展需要相适应，一定程度上，这不仅实现了个人生活的意义和提高了价值，也有助于社会其他成员的个人发展、社会的发展与进步。

（二）人的全面发展理论对于资助育人的功能内涵

1.确保教育平等

根据马克思主义的人的全面发展理论，人的社会发展是人的全面发展的先决条件。社会发展意味着人类社会关系的发展。教育是结束代际贫困的重要手段，从而巩固消除贫困的成果，防止贫困的再次发生。通过扩大社会关系并通过教育建立新的社会关系，贫困家庭的学生可以通过教育改变他们的生活环境和自信心，从而改变个人命运和家庭的命运。因此，资助育人的主功能是确保贫困家庭的学生享有平等的受教育机会，支持他们顺利完成社会发展。

2."志智"双扶

在马克思主义关于人的全面发展理论中，人的个性和能力的发展是一个重要内容。在过去资助学生的活动表明，来自贫困家庭的学生在个人发展方面的限制主要是由于家庭和社会环境造成的观念，其次是缺乏能力和经验。许多学生认为，资助只是送钱送物，存在着一种依赖心理，让学生没有足够的动力去积极改变自己现阶段的生活状况，造成得过且过的现象。此外，由于资源的不平衡，贫困家庭的学生在学习成绩、人际关系和社会工作方面与普通人存在一定差距。同时，这种差距反过来又造成负面形象，限制了他们的发展，形成恶性循环。因此，资助育人工作的主要目标应该是发展学生的个性，让他们意识到自己的优势和特长，鼓励他们努力实现自尊、自信和自我成长。

3. 维持学生的主体地位

困难家庭的学生作为人的全面发展的对象，应成为资助育人工作的重点。在资助育人工作中，如果无视学生的主体地位，只追求客观上实现资助育人的功能，只会治标不治本，不会有持久的效果。截至目前，学生资助服务在很大程度上是以保证物质为基础的，基于"物质支持"，旨在"减少学生家庭的经济负担"。但是就目前情势来说，在新的扶贫阶段，资助工作应以"成长成才"和"帮助学生全面发展"为核心的"育人"意识为导向。为此，我们应从"人的全面发展"的角度开展资助育人工作，以保障学生的物质需求、心理需求、尊重学生的个性、发展学生的能力为主要出发点开展资助工作。

第四章 高校资助育人的结构功能

本章分为高校资助育人的要素、高校资助育人的特征、高校资助育人的功能三部分，主要包括高校资助育人的资助对象、高校资助育人的助学资金、高校资助育人的资助政策、高校资助育人的资助、以人文关怀为资助育人方式、以生活照顾为资助育人起点、以优化人生为资助育人价值、培育爱国情怀、促进感恩教育、进行人文关怀、培养健康心理、加强抗挫能力、塑造诚信道德、塑造自立品格、引导学生思想、提升学识素养、培养综合能力等内容。

第一节 高校资助育人的要素

一、高校资助育人的资助对象

（一）高校资助育人的对象界定

高校资助育人的对象主要是家庭经济困难的贫困学生，主要是受教育者及家庭无法通过自筹资金，解决在读期间的学费和生活费问题的这部分学生。对贫困生的精准认定，是保障国家各类资助资源能精准配置到指定对象的前提和评定奖助学金的依据。贫困学生的认定，各高等学校均有相应的认定方式，结合其家庭经济情况，由学校各级组织最终作出相应的评定，并统一录入相应的国家贫困生信息库。贫困生根据困难程度被评为三个档次：一档为特别困难，二档为困难，三档为一般困难。在认定贫困生的时候，通常会考虑以下几类学生：①来自少数民族地区、边远山区、贫穷地区，且父母收入低，家庭经济水平差的学生；②父母双亡或离异，经济失去依靠的学生；③父母年龄较大，家中缺乏劳动力的学生；④学生或家庭成员突然受伤、生病，家庭面临长期或暂时经济拮据的学生；⑤父母失业，家庭缺乏经济来源或没有经济来源的学生；⑥家庭人口众多，且适龄读书子女众多家庭的学生；⑦父母残疾或学生本人残疾家庭的学生。

（二）高校资助对象的特点

1. 高校资助对象有所变化

在网络的影响下，资助对象的行为特性和思想观念等出现较大变动，这属于网络时代贫困生的独有变化。诸多特性的形成受到下述几点影响：

其一，资助对象受到社会主流价值观的影响。这点是贫困生的变动主因，针对资助对象的思维模式和情感目标等影响作用最大，带有突出的社会化特性。

其二，贫困生因为市场经济的作用，重要表现就是物质主义针对资助对象出现了许多负面影响，致使对社会主流价值观出现了动摇和误解。

其三，资助对象会在受到的文化圈里出现群体化价值认同。

在三种因素的共同作用下，资助对象也慢慢形成了特别的价值观和情感诉求，呈现的是融合趋势、对抗的双重现象，进而组建起了贫困生矛盾心理。

总而言之，大多数的资助对象存在确切的正向思想价值观，不过也存在少数贫困生被别的思想因素影响，出现一些极端思想、行为等。

2. 资助对象具有明显的心理差异性

常规而言，男性资助对象相较于女性资助对象更易产生焦虑，低年级的资助对象相较于高年级的资助对象更易焦虑。关注问题上，年级异同更明显，低年级的资助对象关注的问题是对于校园环境和生活的适应性，高年级资助对象对于未来的就业更为关注。

二、高校资助育人的助学资金

（一）助学金的概念

助学金（Grant）是指无偿提供给在校家庭经济困难学生，帮助他们完成学业的资金。同奖学金类似，助学金的来源通常有三部分：①政府；②社会，包括各种慈善机构和宗教组织以及个别爱心人士；③学校，由学校出资，建立助学金。它们具有明显的慈善性质，以帮助家庭经济困难学生完成学业、为社会培养人才为宗旨。目前我国助学金主要包含三类：国家助学金、学校助学金和社会助学金。

（二）助学资金发展历程

近年来，党中央、国务院历来高度重视贫困生这一庞大体系，一直积极探索学生资助政策体系，加快解决家庭经济困难学生的就学问题。目前我国已经初步建立起"奖、助、贷、补、减、免"等多种形式并存的学生资助体系，在资助方面也取得了明显的成效。

在新中国成立后，我国才有真正意义上的学生资助，主要可分为以下几个阶段：

一是资助政策的起步阶段：1950—1983年，受苏联经济体制模式影响，资助在高等教育的投入包揽了一切，"免费上大学"和"人民助学金"是我国最早的资助方式，这一制度在1966—1976年一度停止，在恢复高考后继续实施。

二是改革与探索阶段：1983—1986年，人民奖、助学金制度并行。对之前的人民助学金范围进行缩小，将非师范生的助学金受助比例从75%降低为60%，另外增设了"奖学金制度"，资助体系从单一的助学金模式向奖、助学金并存的模式发展。1989年，我国开始对除师范生以外按国家计划招收的学生收取学杂费，表明我国放弃免费上大学这一政策，并开始推行向经济困难的学生提供无息贷款，这是一项历史性的重要改革。1995年国家出台了《关于对普通高等学校经济困难学生减免学杂费有关事项的通知》，提出"保证困难学生不因经济困难而辍学"，初步建立起"奖、贷、勤、补、减"为主的多元资助体系，从取消大学免收学费开始，高校贫困生日渐加多，政府承担教育资金负担也越来越大，高校贷学金满足不了日益增多的贫困生，我国开始实行由商业银行提供的助学贷款制度，90年代后期就确立了以贷款为主的多元资助体系。

三是逐步完善资助体系阶段：2007年国务院颁布了《国务院关于健全普通本科高校高等职业学校和中等职业学校家庭经济困难学生资助政策体系的意见》，新的资助政策建立并开始实行，初步确立"奖、助、贷、勤、免、减"的资助育人体系。在针对普通高中资助方面，虽然起步略晚，但发展较快。2010年国务院发布《关于建立普通高中家庭经济困难学生国家资助制度的意见》，标志着普通高中资助体系建立。从 2010 年秋季学期起，开设国家助学金，对普通高中在校生中家庭经济困难的学生每生每年发放 1500 元的补助资金，资助范围占在校普通高中生总数的 20%，此外，内蒙古属于偏远贫困地区，国家加大对其资助力度，普通高中助学金享受范围为在校生人数的 30%。

2015 年国家助学金标准提高，在原基础上提高到每生每年 2000 元，并针对建档立卡、低保学生加大资助力度。2016 年 8 月，经国务院同意，财政部、教育部印发《关于免除普通高中建档立卡家庭经济困难学生学杂费的意见》（财教〔2016〕292 号）和教育部办公厅等四部门发布的《普通高中建档立卡家庭经济困难学生免除学杂费政策对象的认定及学杂费减免工作暂行办法》。2017 年，教育部党组印发《高校思想政治工作质量提升工程实施纲要》（教党〔2017〕62 号），将资助育人纳入"十大育人体系"。明确要求把扶困与扶智、扶困与扶志结合起来。2018 年 10 月，国务院扶贫办、教育部、中国残联等六部门联合印发《关于做好家庭经济困难学生认定工作的指导意见》（教财〔2018〕16 号），重视对贫困生的精准识别认定，确保贫困生能享受资助金，避免出现弄虚作假不合理现象。

经过几年的发展，在各地学校，建立了以国家助学金、建档立卡等家庭经济困难学生免学杂费、地方政府资助项目为主，学校和社会资助相结合的资助政策体系，为形成"解困育人—成长成才—感恩励志"的良性循环而努力。

三、高校资助育人的资助政策

（一）高校资助政策的概念

政策是指国家、政党、国家机关或其他政治团体为实现一定历史时期的路线或社会的政治、经济和文化目标而制定的行动准则或采取的政治行为。《辞海》中对政策做了如下的解释："某种行为准则、计划、文件、法规、谋略、方案或措施等，即某种由人们来执行或遵守的文本。" 20 世纪 60 年代以后，政策研究日益受到人们的重视。政策研究的范围包括对政策文本本身、政策执行过程中以及政策实施后存在的"失真"等问题的分析。教育政策是指一个国家对教育进行计划、指导、协调和控制的重要方式。孔绵涛在《教育政策学》一书中把"教育政策"解释为："是一种有目的、有组织的动态发展过程，是政党政府等政治实体在一定历史时期，为实现一定的教育目标和任务而协调教育的内外关系所规定的行动依据和准则。"综合大学生资助和教育政策的概念，大学生资助政策可以定义为政府为保障学生参与高等教育的权利，协助其顺利入学完成学业而制定的相关政策法规、办法、准则和条例的综合。旨在帮助有需要的大学生通过获得国家和社会的资助，顺利完成大学的学业，消除高等教育的财政障碍，缩小学生之间经济差距，不断提高自己的综合素质和社会竞争力等。还有学者指出了其奖励学习成绩优异者，有针对性地提高某一专业的入学率，从而满足社会经济发展对劳动人群的需要等目标。

（二）我国高校资助政策的体系

1. 助困性资助政策

中国政府历来高度重视解决家庭经济困难学生上学问题。家庭经济困难学生是指学生本人及其家庭所能筹集到的资金，难以支付其在校学习期间的学习和生活基本费用的学生，属于社会弱势群体范畴。中国家庭经济困难学生主要有以下三大基本来源：一为家庭经济困难农村学生，二为来源于城市下岗职工家庭和城市低收入家庭，三为挫折家庭学生。中国家庭经济困难学生的总体规模庞大，据统计，全国平均比例超过20%，西部地区达到30%。在以扶贫、扶智为核心的教育精准扶贫政策指导下，全国所有家庭经济困难学生都能得到相应的经济资助。助困性助学贷款主要有：①国家助学金；②助学贷款；③勤工助学；④"绿色通道"资助；⑤新生入学资助项目。

2. 奖励性资助政策

中国在满足学生学习和生活的基本需要的基础上，同时对学有所成的学生实施资助性激励，以调动受教育者学习的积极性和创造性。国家奖优型资助，除了基于学业的国家奖学金外，还对于品学兼优者给予励志奖学金资助，都属于赠予性奖学金，即是不需要偿还的。前者所需资金由中央财政全额承担，后者所需资金则由中央财政和地方财政共同给予支持。奖励性资助主要包括国家奖学金和国家励志奖学金。

3. 补偿性资助政策

（1）高等学校毕业生基层就业学费补偿、贷款代偿

2009年3月，财政部、教育部印发《高等学校毕业学费和国家助学贷款代偿

暂行办法》，将原中央高校毕业生基层就业国家助学贷款代偿政策扩大到学费补偿贷款代偿，对于中央高校毕业生到中西部地区 22 个省和艰苦边远地区县以下机关、企事业单位、艰苦行业生产第一线等基层单位就业、服务期在 3 年以上（含 3 年）的，实施相应的学费和助学贷款代偿。

（2）应征入伍服役国家资助

为推进国防和军队现代化建设，鼓励高等学校学生积极应征入伍服兵役，树立其正确的就业观和价值观，从 2009 年起国家对应征入伍服义务兵役实行学费补偿或国家助学贷款代偿。

（3）退役士兵教育资助

为加快培养现代化建设人才，支持退役士兵接受系统的高等教育，提高其就业能力和技能水平，2011 年，财政部、教育部等印发《关于实施退役士兵教育资助政策的意见》，规定对退役一年以上、考入全日制普通高等学校的自主就业退役士兵由政府实行学费减免，对家庭经济困难退役士兵学生还给予生活费资助和其他奖助学金资助。

4. 其他资助政策

中国高校大学生根据其学习成绩和经济状况可以申请其他类型的资助，如师范生免费资助、校园资助政策和社会资助政策等。

四、高校资助育人的资助机制

（一）高校资助机制的概念

机制原指机器的构造和工作原理，或有机体的构造、功能及其相互关系。将机制这个概念运用于社会其他领域，因而引申出更广泛的内涵，在社会学中机制是指系统中的各个要素之间通过协调其关系而发挥作用的运行方式，因而机制的内涵主要包含两方面，一是事物包含哪些部分（即要素），二是这些要素根据什么运作方式协调其相互关系而发挥作用。因此，资助育人机制可以界定为资助育人活动中涉及的各要素，为实现立德树人，促进学生全面发展这一目标，按照一定的原理而使其发挥作用的运行方式。

(二)我国资助机制的演变

目前高校学生资助工作已进入精准资助和资助育人阶段，而这一阶段是我国通过政策制度和相关举措的逐步调整和优化才推动发展至今的。新中国成立之初，党和政府高度重视高等教育的建设和发展，与此同时也根据国情建立了相应的资助制度。1952年，政务院和教育部前后分别发布了关于人民助学金制的政策文件，其中规定了各级各类学校的资助标准，为加快培养工农出身的知识分子，面向全国开始实施免费人民助学金制，这为后期的相应的资助制度安排打下了基础，其间该制度因社会动荡而停止，动荡结束后，各项政策制度开始恢复重建，并进行了一系列调整和变化，高校学生资助机制也随之改变。我国高校学生资助机制的改变历程大体可划分为以下三个阶段：

1. 机制的补弊起废（1978—1986年）

1977年12月，此前受社会动荡影响的高校学生资助育人机制也基本恢复重建。此时，高校学生资助机制仍延续新中国成立之时所设立的免费人民助学金制。这一机制的运行主要植根于当时的社会政治背景，此时家庭经济条件不是限制学生进入大学的影响因素，高考择优录取以及免费的人民助学金制为社会公平正义提供了制度保障，高中毕业生不能满足国家计划需要，国家财政基本能够满足在校大学生的基本需要，且大学生毕业必须服从国家计划统一分配。

旧有的免费人民助学金制自恢复起一直延续至1982年，改革开放政策逐渐引发人们对学生资助事业的深入思考。1983年7月，教育部和财政部联合颁布了《普通高等学校本、专科学生人民助学金暂行办法》和《普通高等学校本、专科学生人民奖学金试行办法》，这两项制度对原有资助制度进行了调整，人民助学金的比例开始缩减，增加人民奖学金制以对原有政策进行纠偏，形成了以人民助学金制为主、人民奖学金制为辅的资助机制，直至1986年，国发〔1986〕72号文件中，提出废除免费助学金制，与此同时，设立奖学金制和学生贷款制度。自此，高校开始了对新生机制的探索。

在此期间，通过实行免费助学金制度，使学生切身体会社会主义体制的公平正义，并通过解决学生实际生活难题来渗透思想政治教育，鼓励青年学生努力学习。但是与此同时，免费助学金制度的弊端也逐步暴露出来：一方面，统一发放助学金会打击优等生的学习积极性,也会助长一些学生不思进取的思想;另一方面,个别学校由辅导员一人决定资助标准,缺乏客观公平。因此,亟须建立健全高校学生资助制度。

2. 机制的探索建立(1987—2007年)

人民助学金制废除后,新的元素不断注入我国高校学生资助机制中,推动其进一步发展。随着我国教育体制的改革,我国高等教育开始进行招生制度和收费制度的改革探索,高校学生资助机制也随之进入新生机制的探索和建立阶段。市场经济体制实行后,家庭承担子女接受高等教育的能力在提高,人们对高等教育的需求也在不断地增加,国家财政为所有大学生免费兜底已经不可能实现。在人力资本理论、高等教育成本分担理论等相关理论的支持下,我国逐渐开始探索高等教育收费制度,而学费制度改革与奖学金及助学贷款制的探索是相伴而生的,学费改革所带来的教育成本需要个人及其家庭共同承担,所以实行奖学金制和助学贷款制势在必行。

1986年,奖学金制和学生贷款制试点后,国家开始不断探索和建立新的资助制度机制。1987年7月,国家教委和财政部联合发布《普通高等学校本、专科学生实行贷款制度的办法》文件中,提出由家长作为担保为贫困生提供无息贷款,毕业后偿还,但是由于诸多客观因素,该机制运行不畅。此后,国家政府连续颁布了关于学生贷款制的多项文件,并不断进行调整,但是均由于各种原因而致使进程缓慢,例如高校及就业单位实施困难,部分贫困生找不到担保人等,直至1999年,中国人民银行、国务院批转了教育部、财政部联合拟定的《关于国家助学贷款的管理规定(试行)》,其中明确了管理体制,并对贷款的申请、发放和回收,期限等作出了相关说明。从1994—2004年这十年间,国家相关部门陆续颁布了关于生活补助制、勤工助学制、减免学杂费制、奖助学金制、绿色通道等多项制度的相关文件,尤其是国家助学贷款政策在这十年间不断完善,相关机制也不断健全,到2004年,国家进一步修改相关条例,建立了由政府财政和高校共同分担的贷款风险补偿机制,确定了无担保的信用贷款性质,相关责任主体及运行模式得以明确。与此同时,我国开始着手建立多元的高校学生资助机制。

3. 机制的深化改革(2007年至今)

新生机制的探索建立为我国高校学生资助制度的完善打下了坚实的基础,此后，我国高校学生资助机制进入深化改革阶段。自 2007 年起，教育部不断出台相关政策细化落实学生资助工作，顺应新时代和新形势，坚持"教育公平"和"兼顾效益"的价值取向，对现有资助政策不断地进行调整。国务院批转教育部财政部连续发布了关于家庭经济困难学生认定、国家助学金、国家奖学金、国家励志奖学金等方面的相关政策法规，这些文件的颁布细化了相应机制的实施细则，例如，在奖学金评审办法中，其奖励范围扩增至全体学生中的优秀学生而没有局限于贫困生中，同时设立每人每年 5000 元的国家励志奖学金激励机制，引导贫困生刻苦学习；大力推行生源地信用助学贷款制度并落实国家助学贷款制，其运行也逐渐顺畅，得到了社会的广泛认可；进一步完善了勤工助学制度，更加明确了勤工助学的科学内涵、校内勤工助学岗位的设置、校外勤工助学活动的管理、勤工助学的酬金标准及支付和法律责任等；对六所教育部部属师范大学中设置师范生免费教育等。资助政策的不断深化改革，使得社会及高校逐渐开始重视精准资助的重要性以及资助与育人的结合。

我国处于深化高校学生资助机制改革的阶段，在这一阶段，政府在制定政策时不断细化和规定学生资助细则，使得高校学生资助政策在实施过程中更加具有可操作性，资助育人机制运行更加高效，强化了学生进取思想，激励了学生对学业的追求和品格素养的养成。至此，我国高校学生资助育人机制开始向精准资助育人机制发展。

第二节　高校资助育人的特征

一、以人文关怀为资助育人的方式

人文关怀就是要关心人、理解人、尊重人、发展人。该词最早于 2007 年出现在党和国家的文件中，加强和改进思想政治工作，注重人文关怀和心理疏导，明确体现中共思想政治教育的新变化、新要求。思想政治工作从教育人到关怀人，党和国家开始关注人的内心，关注个体的发展。思想政治工作的这一新变化，为高校资助工作的开展指明方向，也是高校资助育人应把握的新特征。

资助育人活动体现人文关怀，本质要求就是"以学生为本"。

（一）要尊重学生

根据每位学生人格、尊严、选择、兴趣和内心需求，通过实施与他们实际相适应的个性化教育，进而促进学生个性的自由全面发展。它表现在资助育人活动中，就是要制定与学生实际相适应的资助育人措施，不断满足学生经济、思想、心理、学业等方面的发展需求。尊重学生还表现在平等对待每一位学生，平等对待民族差异、性别差异与样貌差异，杜绝歧视学生。

（二）要理解学生

以学生的全部精神因素去感受学生、了解学生。学生作为教育活动的主体，并不是一张被任意泼墨的白纸，他们总是带着自己的人生经验有选择地接受教育内容。开展资助育人工作必须以真实地解决学生已有的学习生活经验为前提，准确把握学生内心的真实感受与真实诉求，有针对性地资助育人。

（三）要发展学生

要始终把学生的发展放在教育的核心地位。人的发展是一切教育活动的根本目标，也是资助育人活动的应有之义。党和政府不断完善贫困生资助体系，绝不仅仅是为了解除学生经济困难，而是为了实现在此基础上的人才培养目标。高校必须提高对资助育人功能的认识，满足学生发展的经济、思想、心理、学业等多方面需求，进而培养出更多品格优良、素质扎实的优秀大学生。

二、以生活照顾为资助育人起点

解决贫困生的生活问题是高校资助的初衷。照顾学生生活理应成为资助育人工作的逻辑起点，也是学生获得全面发展的重要前提。资助育人中的生活照顾主要是指：

一是以解决经济困难为基础。帮助学生摆脱家庭贫困异化，获得自由平等发展的机会是资助育人工作的起点。

二是集经济帮扶、思想引导、心理健康教育为一体，不断引导学生追求人生价值，形成健康生活方式。高校贫困生资助的终极目标是促进学生的全面发展。

资助所传递的不应仅仅是物质财富，更应是自强不息、感恩上进、努力拼搏、开拓创新的人类精神和时代精神的传递。资助工作只有不断改善学生的精神面貌、心理素质和生活方式，才能有彻底摆脱贫困的可能，才不会出现越困越助、越助越困的恶性循环，才能实现育人这一真正目标。

三、以优化人生为资助育人价值

高等教育的实质就是要帮助不断学生明晰生命含义，引导他们追求学业、能力、素质等方面的更大发展，进而不断优化自我人生。高校资助育人具备优化人生的作用。通过资助活动优化人生有以下两个目标：

第一，要以发展学生综合素质为首要目标。贫困生在发展过程中遇到的不仅有思想、心理方面的问题，更有学习、能力方面的问题。按大学生素质的一般划分，即分为思想道德素质、身心健康素质、科学文化素质和专业创新素质、社会交往素质，人文关怀、生活照顾很好地实现了前素质的培育，为学生学习、能力发展创造了良好条件。而优化人生则旨在提高学生的科学文化素质、专业创新素质与社会交往素质。充分挖掘高校贫困生资助活动的育人功能，有效利用资助提升学生素质、培养学生能力。

第二，它以帮助学生理解生命品质，创造更高人生价值为高层次目标。人作为一种特殊生命存在于地球上，其具体的生命时间是有限的。在同样有限的生命里，马克思、孔子、老子等大智慧的人创造出无限价值为后人景仰，有些人却混沌过完一生，如同中国青年报所报道的：陷入"放牛—挣钱—生娃—放牛"困境之中的放牛娃一样。同样作为人，为何存在如此之大的差别？究其根源，就是对生命价值理解的不同。伟人之所以为伟人，在于他们真正理解生命存在的价值和意义在于勇于创造、不断超越。高校贫困生资助以物质财富为精神传递的载体，引导学生以坚定的信念与坚强的品格突破困境，进而形成开拓创新、积极进取的优良品质。

第三节　高校资助育人的功能

一、培育爱国情怀

（一）新时代爱国主义情怀

对于新时代爱国主义情怀，我们可以从两个方面来理解。新时代爱国主义情怀的提出是一个循序渐进的过程。习近平总书记曾多次提到"情怀""爱国情怀"和"爱国主义情怀"，这是新时代对于爱国主义教育的创新和发展，也是对新时代思想政治教育话语的创新。在全国教育大会上习近平总书记发表了重要讲话，对于教育工作者们如何培育社会主义事业的建设者和接班人时明确指出了要"在厚植爱国主义情怀上下功夫"，此要求明确表达了爱国主义情怀在育人环节上的重要性和地位，也为思想政治教育的发展和人才的培养指明了方向。在学校思想政治理论课教师座谈会上，习近平总书记对思想政治理论课教师提出了六个要求："政治要强""情怀要深""思维要新""视野要广""自律要严""人格要正"。其中，在阐释"情怀要深"时，习近平总书记提出了三个情怀，其中之一的"家国情怀"便体现了个体拥有爱国主义情怀的重要性。在纪念五四运动100周年大会上，习近平总书记再一次论述了青年人厚植爱国主义情怀的重要性，并对新时代爱国主义和青年使命作了详细和全面的论述。习近平总书记对于爱国主义情怀的论述体现了新时代爱国主义情怀的发展脉络，为新时代大学生爱国主义情怀的培育指明了方向。

对爱国主义情怀概念的把握既要从其形成、发展和演变的过程着手，也要从与爱国主义情感的比较中进行。爱国主义情感是指人们热爱自己祖国的深厚情感，它是每个人维系对祖国感情的心理条件，也是人们为祖国繁荣富强而英勇奋斗的强大的道义上的力量。爱国主义情怀包含着个体深切的爱国情感，是个体爱国情感从低层次到高层次转化的过程，但它除了爱国主义情感之外，还有着更加丰富的主体性内容。最初表现为对祖国山河美景的热爱之情，这是一种感性的爱国情感，而感性爱国情感只有在与国家与社会制度结合后，再经过个体内在理性认知、意志、信念和外在实践的砥砺，才能升华到更高的层次，形成爱国主义情怀。因此，爱国主义情怀是主体从低层次的非理性爱国情感上升到对国家的理性认知和深切认同，再经过内在意志、信念与外在实践行为的转化而形成的一种稳定、理性的爱国心境。它囊括的个体的民族自尊心、自信心和自豪感又能更好地激发个体爱国主义情怀的产生，正是这种循环往复的过程才使得个体爱国主义情怀不断深化。

由上述内容可知，一方面，新时代大学生爱国主义情怀培育有助于新时代爱国主义教育取得显著成就。习近平总书记多次提到了要厚植青年及大学生的爱国主义情怀，这一表述对于新时代深化对爱国主义的理解和开展爱国主义教育活动具有重要的理论意义和现实意义，也在一定程度上丰富了新时代爱国主义话语，扩充和延伸了新时代爱国主义教育内容。另一方面，新时代大学生爱国主义情怀培育相比爱国主义教育更注重主体自身的积极主动性。爱国主义情怀培育要求大学生从内在出发，经过外在教育的影响，主动并自觉地建立起对爱国主义的深厚情感。学校作为培育主场所，在培育过程中充分发挥情感教育的积极作用，并以此激发大学生的求知欲和探索精神，提升大学生爱国主义情怀培育的实效性，扎实推进新时代爱国主义教育。

（二）高校资助育人与爱国情怀培育

随着国家的快速发展，党和政府越来越重视高等教育的发展，出台了一系列促进我国高等教育快速发展的政策。在全国高校思想政治工作会议上，习近平总书记指出，高校思想政治工作要围绕学生、关照学生、服务学生，把解决思想问题同解决实际问题结合起来，在关心人帮助人中教育人、引导人。这是高校做好资助育人工作的重要内容。具体表现在高校通过学校官网、招生简章、录取通知书等途径向学生介绍国家和学校的资助政策，可以通过生源地贷款缴学费、绿色通道暂缓缴费、勤工助学补贴生活费等方式解决学费和生活费问题。从入学就让学生感受到党和国家的关怀，从一开始就在学生心中种下爱国的种子。高校资助育人在一定程度上能够加深学生对党和国家的认识，激发学生的爱国、爱党情怀。

二、促进感恩教育

（一）完善国家资助育人体系需要感恩教育

我国给予高等教育的经济支持逐年增加。国家不断加大对高校的资助力度努力通过教育手段将家庭经济困难学生培养成才，让学生个人及其家庭看到摆脱贫困的希望。虽然家庭经济困难学生的资助资金不断增加，但是资助育人效果却有待提升，资助工作中总能听到部分学生抱怨资助金额不足以支撑自己的高消费行为，抱怨自己的物质水平不如身边的同学等不和谐的声音。完善资助工作的育人功能，离不开对学生的心理疏导和道德知识、情感和行为的引导。高校感恩教育的顺利开展和落实则是完善国家资助育人体系的重要环节，也是帮助高校将资助育人工作纳入"三全育人"工作体系的有效方式，充分调动高校各部门、全体成员、各教育环节共同参与到资助育人全过程中，让学生更加了解国家资助政策实施的初衷并感受到来自国家、社会、学校及其他外界力量的关爱。

（二）提高社会资助的积极性需要感恩教育

美国经济学家约翰斯通提出的"高等教育成本分担理论"，指出教育成本的承担应该符合利益获得原则，政府、社会、学校、学生本人以及家庭作为受益方应共同承担教育经费。因此，社会作为受益者，对高等教育事业的发展责无旁贷。高校资助工作不仅需要国家的大力支持，更需要得到全社会的关注，如何有效引导社会力量对高校家庭经济困难学生进行资助是我们必须思考的问题。如果可以使更多的社会资金流入高等教育系统中，对缓解国家财政支出压力，调整高校学生资助结构有着积极的影响。促进社会资金更多流入高校学生资助活动中，加快高等教育事业的发展进程，感恩教育活动是必不可少的环节，高校加强对学生感恩意识的培养，让来自社会的资助团体和爱心人士感受到自己对学生的关爱和帮助行为，得到了受助学生的积极回应和发自内心的感谢，获得了受助学生应有的尊重和认可，不仅大大提高了资助方的资助意愿，也让社会资助行为成为一种传播爱心、提升社会责任感和自我成就感的有效方式。

三、进行人文关怀

人文关怀起源于西方的人文主义传统，"人文"与"神文"是相对立的，文艺复兴后，西方的人文主义历经变化，但其核心基本稳定下来了，就是在于肯定人性、人的价值和人的主体性。在党的十七大报告中，第一次旗帜鲜明地提出了"加强和改进思想政治工作，注重人文关怀和心理疏导"，这是时代进步的结果。

在党的十九大报告中，强调了将人格权与人身权、财产权并列加以保护，充分彰显了人文关怀的意义。党的二十大报告中提出了"重视心理健康和精神卫生"，心理健康和精神卫生是重大民生问题。民生问题，就是与百姓生活密切相关的问题，也是民众最关心、最直接、最现实的利益问题，充分彰显了人文关怀的含义。我们可以看出，人文关怀在社会各个层面、各个领域都有所涉及并发挥着重要作用，同样它也在高校资助育人工作中发挥着重要的功能。

一方面，人文关怀是指物质层面的关怀，是大学生资助工作的具体体现。物质关怀自高校资助政策建立以来，就一直存在，建立的初衷是为了减轻家庭经济困难学生经济层面的负担，帮助他们顺利完成学业。在普通高校建立了一系列资助政策，不仅提供了物质上的帮助，同时也包含着育人的理念。

另一方面，人文关怀是指精神层面的关怀，是大学生资助工作的隐性体现。随着高校资助政策的逐步落实，资助形式表现为多样化，高校不仅重视物质层面的需求，也重视精神层面的关怀。坚持"以人为本"的价值理念，去挖掘大学生内在的优秀品质，促进大学生的全面发展，并将"人文关怀"作为开展高校大学生资助工作的基础，帮助受助学生理顺情绪和缓解失衡心理，引导他们用长远的眼光和思维去谋划未来。

四、培养健康心理

（一）大学生的心理健康标准

心理健康的标准是判断个体是否存在心理健康问题的依据。目前，国内通用的心理健康标准包括：①智力正常；②有安全感；③情绪稳定；④意志健全；⑤自我概念成熟；⑥适应能力强；⑦适当的现实感；⑧人际关系和谐；⑨行为协调且反应适度；⑩心理行为符合年龄特征。

除此标准以外，第三届国际心理卫生大会所列出的标准有：①躯体、情感、智力和谐；②生活工作过程可以发挥自己的才能；③有幸福感；④适应环境。我国黄希庭教授则是将心理健康标准分为：①心理发展特点符合年龄特征；②坚持正常的学习和工作；③具有和谐的人际关系；④人与社会协调一致；⑤有完整的人格。

大学生群体关系着社会的发展与未来,是许多专家学者广泛关注的对象,其中,大学生的心理健康问题一直是心理学领域关注的热点话题。我国专家学者制定了大学生群体心理健康标准。

郑日昌认为,大学生心理健康标准有以下几个方面:①具有独立生活的能力;②具有独立思考和判断的能力;③从心理上接纳自己;④面对现实、充满信心;⑤自我调节能力和适应环境;⑥人际关系良好;⑦学习方法得当;⑧能应付一定的挫折。高顺有将大学生心理标准分为:①个人心理特点符合年龄成长规律;②有完整的人格;③有正确的自我观念;④有适应环境的能力;⑤有良好的人际关系;⑥情绪反应正常;⑦能有效学习和生活。

曹艳艳将大学生心理健康标准分为:①能保持正确的自我意识;②能保持学习兴趣和求知欲;③能自觉调节和控制情绪;④有良好的社会适应能力;⑤心理行为符合年龄特征;⑥有和谐的人际关系。

综上所述,专家、学者在制定心理健康的标准时,从不同的角度展现了不同的内容,但其判断标准在一定程度上是大同小异的,大学生群体的心理健康的标准主要体现在学生对学习生活的热爱、对自我价值的正确认识、情绪的良好掌控、人际关系的和谐、良好的社会适应能力和行为与年龄特点相符合等。大学生心理标准是动态的,大学生群体正处于成长阶段,其心理问题随着年龄特点的变化是不断变化的,心理健康水平也随其不断改变。大学生心理健康标准给予学校、家庭、自我发现心理问题的依据,使学生能够分析和衡量自身心理状态,及时发现心理问题和不利于心理健康的行为,然后通过及时的调整保持良好的心理状态。

(二)国内外大学生心理健康研究

1. 国内大学生心理健康的研究

利用中国期刊网 CNKI 这一检索工具,以"大学生心理健康"为主题词进行搜索,共检索到 23599 条与大学生心理健康相关的文献资料,由此可窥见,我国学者们在大学生心理健康领域做了大量的工作,取得了丰硕的成果。研究者们对大学生心理健康的研究大多集中在总体现状、发展趋势、影响因素以及对策建议方面。王强以沈阳市某大学 367 名大学生为研究对象,发现大学生群体心理问题人数占比较高,心理症状因子得分也普通高于全国青年常模性,性别、年级等人口学变量对大学生心理问题的产生具有一定的影响，并且该研究还发现大学生自我概念的水平也影响其心理健康水平。但是令人欣慰的是，众多研究表明，我国大学生心理健康发展趋势一片大好。辛自强等通过横断历史的元分析，发现大学生心理问题随着年份的增加有下降的趋势，心理健康的整体水平也在逐年提升。张梅等对贫困大学生心理健康状况进行考察之后，发现他们的整体心理健康水平随着时间的发展也呈现上升的趋势。

我国关于少数民族大学生心理健康的研究起步相对滞后，直到20世纪90年代才被广泛关注，比较系统的研究随之逐渐开展起来。以"少数民族大学生心理健康"为主题进行检索，共有318条结果，主要集中于现状调查、影响因素以及干预措施等方面。而研究工具也是用以测量心理健康广泛使用的症状自评量表（SCL-90），具有普遍性的特点，因此得到的结果仅涉及少数民族大学生的心理症状。研究者普遍认为少数民族大学生与全国普通大学生心理健康整体水平相比，他们心理健康的整体水平明显偏低，尤其体现在强迫、焦虑和抑郁维度上。有一项可以确定的是，研究者们关于少数民族大学生心理健康总体发展趋势的观点基本保持一致，即少数民族大学生心理健康水平整体上逐年提升。

2. 国外大学生心理健康的研究

心理健康问题很早就受到了国外众多学者的关注，但比较系统的心理健康研究还是要从20世纪初说起。由于政府部门以及各个学校的高度重视，国外心理健康领域的研究成果相当丰富，而且面向大学生心理健康的研究也要早于我国，研究对象也经历了一个发展变化，范围遍及全体普通大学生。资料显示，国外大学生心理健康问题的研究大多集中于大学生注意力分散、焦虑、抑郁、退缩、情绪容易激动等一些具体的心理问题上，最终归纳出大学生普遍存在的心理问题，在此基础上形成一套诊断大学生心理问题的准则，探讨个体因素、家庭因素以及社会因素对大学生心理健康的形成及发展过程可能产生的影响。

通过整理近十年国外大学生心理健康的相关文献发现：大学生心理健康问题发生的概率很高，三分之一的大学生表现出了明显的心理健康问题症状，如抑郁、广泛性焦虑以及自杀倾向。一项研究报告表明，17%的受访学生符合抑郁症的诊断标准。由此可见，抑郁和焦虑已经成为大学生中最常见的两种心理健康问题，并且焦虑超过抑郁成了大学生群体中最常见的心理健康问题，数据统计有38%~

55%学生都深受其影响。除此之外，许多学生也同时经历着心理健康问题的共病，在抑郁症筛查结果为阳性的学生中，76%的学生至少有一个共同出现的心理健康问题。例如，40%的广泛性焦虑症中30%的学生也同时出现非自杀性的自伤症状。

大学生心理健康问题的患病率可能正在上升。有国外学者使用抑郁、焦虑、压力量表（DASS），发现29%的大学生抑郁水平升高，27%的大学生焦虑程度加剧，24%的大学生压力升高。2014年，美国各地的大学咨询中心主任报告说，52%的咨询中心来访者存在严重的心理问题，而2013年这一比例为44%。但是调查导致大学生心理健康问题增加原因的研究不是特别丰富。咨询中心主任认为焦虑、父母过度干涉、学生对技术的依赖以及学生学业压力这几个因素可能造成学生心理健康问题的增加。

（三）高校资助育人与健康心理的培育

家庭经济困难学生因为家庭物质条件匮乏，在生活和学习方面较其他学生所拥有的资源条件有限。进入大学后，在物质条件、能力素质、视野广度等方面与其他同学存在一定差距，更容易产生内向敏感、自卑消极心理。如果这种消极的心理状态不能得到及时的疏导，会直接影响家庭经济困难学生的成长和发展。"三全育人"理念下高校资助育人工作具有心理疏导功能，高校全程把握家庭经济困难学生的思想心理状态，对部分家庭经济困难学生存在的心理问题，积极进行疏导和教育，帮助他们在受助的过程中，建立包容开放、乐观向上、积极健康的心理状态。

在具体的资助育人实践中，高校可以通过奖学金激励、育人工作者主动沟通、勤工助学岗位提升能力等手段来增强家庭经济困难学生的自信心，从而培养健康积极的心态。

首先，高校资助体系包含奖学金评比，学业成绩优秀获得奖学金是对家庭经济困难学生的极大认可和肯定，所以育人工作者加强对家庭经济困难学生的学业帮扶，提高学业成绩，利用奖学金评比工作增强学生的自信心。

其次，育人工作者主动对存在消极心理的家庭经济困难学生进行谈心交流是高校资助育人工作发挥心理疏导功能的重要途径，主动交流体现了高校对家庭经济困难学生的关心和重视，在沟通中发现问题，及时解决，引导学生从被动交流转为主动谈心，帮助家庭困难学生减少消极负面情绪。

最后，参与勤工助学是家庭经济困难学生重要的能力锻炼途径，在实践中提升能力，发现自身价值，增强自我认同感。

五、培养抗挫能力

每个人的一生都不会是一帆风顺的。在人的成长、生活与工作中，不论是平常百姓，抑或是马克思、孔子等大智慧的人，都不可避免地会遭遇这样或那样的困难与不幸。抗挫能力较弱的人往往被挫折打败，消极逃避甚至采取过激行为；抗挫能力强的人则迎着挫折而上，最终取得成就。抗挫能力表现为一种心理承受能力，也表现为一种在挫折和痛苦中寻找幸福的能力，还是一种正确面对挫折的观念。它并不是人们与生俱来的心理品质，而是人们在一次次挫折中、实践中锻炼的结果，需要自身的感悟与外界的引导。

在竞争日益激烈的现代社会，人们越来越强调抗挫能力。抗挫能力已成为现代人安身立命的重要因素。越来越多的企事业单位在招聘人才时注重对应聘人员抗挫能力的测评。当代大学生大多在进入大学之前很少遭遇挫折，也很少接触抗挫折教育，导致大部分学生的抗挫能力较差。这给大学生心理健康教育带来巨大挑战，不断拓展工作载体成为高校心理健康的现实要求。高校贫困生资助活动恰好为此提出了良好的契机与实践的平台。

首先，高校贫困生资助活动对于引导学生正确认识困难与挫折有重要意义。资助工作者在资助过程中，通过与受助者进行交流沟通，有助于他们正确认识家庭经济贫困所导致的困难与挫折，引导学生树立"贫困只是暂时的"正确贫富观，帮助他们调整心态，增强抗挫信心。

其次，高校贫困生资助育人活动对于学生合理分析困难与挫折有重要作用。资助工作者通过在资助过程中加强对学生处境的分析，引导学生科学认知贫困，进而产生正确的行为。

最后，高校贫困生资助育人活动有助于带领学生战胜挫折。资助活动的开展，可以让学生深刻体会到在面对经济贫困引发的系列挫折时，政府、社会、学校对他们的关爱，加强他们战胜挫折、战胜困难的勇气与能力，进而不断增强学生的抗挫能力。

六、塑造诚信品质

（一）大学生诚信道德的内容

大学生诚信道德是指将道德规范的对象指向特定的大学生群体而形成的道德意识、道德规范和道德行为准则。大学生诚信道德的具体内容是对新时代公民诚信道德内容的细化和拓展，主要包括以下六个方面的内容：

第一，在学习上，遵守学习规则。大学生在学习上要努力提高成绩，遵守学习规则。从职责上讲，学习好专业理论知识是大学生的本职工作，也是大学生走入大学校园的主要目的。因此，大学生诚信道德的首要内容就是要求大学生做一个在学习上诚实守信的人。具体内容如下：一是要认真完成老师布置的各项作业，不抄袭他人；二是要诚信应考、不作弊；三是要认真遵守课堂规则，不无故迟到、早退、旷课等。

第二，在人际关系上，诚实守信。大学生在人际关系上要待人真诚，恪守承诺。言而有信是与他人交往的基本准则，大学生群体也不能例外。大学生在人际关系上的诚实守信主要内容包含以下两个方面：一是要做到言而有信，不以谎话欺骗他人；二是要做到信守承诺，不轻易许诺，不随意毁诺。

第三，在经济行为中，履行约定与合同。大学生在经济行为中要履行约定与合同，认识到经济失信的危害。大学生作为经济生活中的主体，是参与经济活动的重要成员。大学生在参与经济活动中应遵循诚信要求，不坑蒙拐骗、不弄虚作假、不拖欠他人金钱，合理消费、理智消费，不搞校园贷等违法行为。

第四，在求职就业上，实事求是不失信。大学生应在求职中做到实事求是，提高求职能力。就业是大学生学有所成贡献社会的重要方式。因此，无论对于大学生个人还是国家来说，大学生在就业中遵守诚信道德都显得尤为重要。大学生的就业诚信包括以下几个方面的内容：一是在求职过程中如实填写本人信息，不伪造身份、证件等；二是在求职过程中遵守承诺，慎重签约，不做"一人多签"等不诚信行为，不随意毁约；三是在走上工作岗位后，对待工作认真负责、严谨求实，踏踏实实做好本职工作，遵守单位的章程和工作制度。

第五，在政治生活中，做诚信公民。大学生在政治生活中应坚守诚信道德，做诚信公民。大学生在参与政治生活的过程中需要遵守诚信道德要求，在参与选民选举、行使监督权等政治活动的时候做到实事求是、诚实不欺。

第六，在网络生活中，做诚信网民。大学生在网络生活中应坚守诚信道德，做一名诚实守信的合格网民。当前，每个大学生都是一名网民，都无时无刻在参与网络生活。网络诚信的内容包括以下几个方面：一是在网络购物等网络经济活动中坚持诚实守信的原则，做到真诚不欺诈；二是能够理性对待网络信息，明辨是非；三是在开展网络交往过程中做到诚实守信、不欺骗他人；四是应确保言论真实可靠，不做虚假信息的发布者和传播者。

（二）高校资助育人与诚信品质塑造

品德是指人的道德品质，是一定社会道德价值标准和道德行为规范在社会个体身上内化的产物。大学生活是大学生步入社会的准备阶段，在此期间，需要大学生独自处理和面对在学习和生活中出现的一些实际问题，此过程对大学品格影响较大，也是大学生品德塑造的关键时期。"三全育人"理念下高校资助育人工作的品德塑造功能主要体现在诚信和自强两个方面。人是社会中的人，在社会交往中，诚信是立身之本，是每个人都不可缺少的基本品质。同时，青年作为国家的未来、民族的希望，自立自强是青年大学生在新时代背景下应有的奋斗底色。作为社会主义事业的接班人和建设者，大学生应该具备诚实守信的良好品格和自立自强的奋斗精神。在资助的过程中，加强对家庭经济困难学生的诚信教育和励志教育，正是资助育人功能对大学生品格塑造方面发挥的重要作用。

在诚信品格塑造方面，家庭经济困难学生资格认定工作和助学贷款还款工作这两个资助项目可以加强家庭经济困难学生诚信教育，塑造诚信品格。首先，家庭经济困难学生资格认定是高校资助育人工作的首要工作，也是进行诚信教育的重要环节。高校资助育人工作可以借助家庭经济困难学生认定具体工作，开展诚信教育活动，引导学生真实反映家庭经济情况，积极受助的同时，避免为了获得资助而对家庭经济状况造假行为的发生。其次，助学贷款的还款工作也蕴含着家庭经济困难学生的诚信教育，助学贷款是国家为了缓解家庭经济困难学生在上学期间的学费和住宿费方面的经济压力而采取的资助手段,家庭经济困难学生只有在毕业后按时主动还款,才能保证助学贷款工作的良性运作。所以,高校在开展助学贷款工作时应加强家庭经济困难学生的诚实守信教育,在具体资助实践中培育诚信品格。

七、塑造自立品格

(一)新时代大学生的自立意识

大学生在年龄、思想、社会经历以及身心成熟程度上,较儿童、青少年和成年人有一定的差异,他们的关注点逐渐由外部环境转移到内心世界,其自立意识正处于向成熟发展的过渡期,在一般个体自立意识的基础上,增添了几分大学生的人文色彩。大学生自立意识相比中小学生来说,是一种更高层次、更高水平的思想倾向,更侧重个体意志对自身心理和行为调节的积极能动性和高度自觉性,它不仅能够促使大学生在面对复杂情况时主动进行自我判断、自我选择、自我决定,进而表现出积极的行为动机,还能够时刻监控、管理、优化自身的思想和行为取向,是一种伴随强大意志调节的反思教育过程。但不可忽略的是,新时代大学生的思辨自律能力相对薄弱,使得他们更需要借助社会、他人的扶持,充分激发个体的信心动力和社会责任感,在自身和外部的共同努力下养成全方位的身心自立。因此,明晰大学生自立意识的特征有助于针对性地培养新时代大学生自立意识,其具体特征如下:

1.具有明确目标的自主选择性

自主选择是指个体在认识客观存在时依据实际需求和自身的经历对现有事物进行主观判断,并做出最适合且最有利于自我发展的选择的过程。由于大学生正处于身心发展的重要阶段,同时也接受过初等、中等、高等教育的熏陶,具备一定的自控力、意志力和规划能力,其自立意识更具针对性和明确性,能够帮助大学生快速精准地定位目标,从而激发其实现既定目标的决心和信心。同时,新时代大学生视野相对开阔,对新鲜事物的探索欲较强,这都成为他们能够主动选择的催化剂。据有关调查显示,自立意识越强的学生对自己奋斗目标的选择更加清晰坚定,对事物主动学习的动机越强;反之,自立意识较弱的学生了解事物的主动性较弱，对他人和社会的依赖度高，在未来发展方向的选择上犹豫、停滞不前，实现理想抱负的信心不足。

2. 具有相对的社会独立性

"独立性"一词在心理学领域中的运用较为广泛，通常指个体在提出和实施相应的目的行为时，不受他人意志的影响，具有一定的主见并能够按时独立地完成任务。而大学生正处于向"社会人"转变的关键时期，其自立意识的发展不可能完全脱离社会影响，是个体与外部环境共同作用的结果，具有一定的相对独立性。同时，大学生自立意识的发展水平与中小学生有很大区别，相比于中小学生简单的自立，如身体自立和行动自立，大学生则更注重心理和行为上的双重自立，如心理自立、经济自立和社会自立等，具体表现为自身选择和实践受外部影响较小，始终保持内心坚定。值得关注的是，自立意识具有稳定的内在价值，利于独立人格的形成，能够帮助大学生充分认识自我价值，深入挖掘自身潜力，进而为实现理想目标不懈奋斗。

3. 具有正确导向的自我激励性

相比其他群体，大学生自我感知和发展的能力有所提高，因此，其自立意识具有更强大的动力性，能够精准定位到自身的需求和目标，使大学生个体对现有事物做出相对准确的判断选择，从而形成一套能够促使自身快速高效完成任务的自我激励机制。自立意识是产生自立行为的基础，个体要发生行为必须具备一定的行为动机，由自立意识到行为动机的产生就是靠意志激励发挥作用的。新时代社会竞争愈演愈烈，养成良好的自立意识是大学生群体在社会中生存立足的基本条件，它能够充分激发大学生潜在的竞争意识，鼓励他们将立小志与立大志紧密结合，并为达成最终目标制订合理的行动计划，极大地提高了日常学习和办事效率。

4. 具有自我反思、自我教育的律己性

反思是指个体在特定情境下思考过去发生过的事情，并从中分析总结经验教训，去粗取精，不断完善自我，从而为制定和完成下一个目标奠定基础。新时代大学生的知识储备和社会成长经历日益丰富，其思维方式正处于理性抽象为主的发展阶段。此阶段的自立意识能够促使他们用理性思维考虑问题，用批判性的眼光看待问题，正确认识自身的不足，在反思中择优发展。由于大学环境的开放性和复杂性较中小学有所提高，各类诱惑日益显现。因此，在趋向自立的实践过程中，大学生趋于成熟的自律性会逐渐转化为约束自我的准则，使大学生从过去完全依赖的事物中摆脱出来，帮助他们抵挡住外界的诱惑，滤清自身的不良思想，使之能够正确处理自我与社会的关系，树立强烈的社会责任感，在自我管理和自我教育中塑造积极向上的自立人格。

（二）高校资助育人与自立品格的塑造

在自立自强品格塑造方面，榜样引领和勤工助学岗位是对家庭经济困难学生进行励志教育的有效途径。首先，高校对自立自强标兵的评选活动，一方面，极大地肯定了部分优秀家庭经济困难学生在各方面取得的成绩；另一方面，也对其他家庭经济困难学生起到榜样示范作用，激励学生发奋图强，不断提升自身各方面素质，这体现了资助育人工作的自强品格塑造功能。其次，家庭经济困难学生积极参与勤工助学体现了学生从"被动受助"到"主动自助"的发展过程。参与勤工助学，学生可以通过自己的劳动获得相应报酬，在减轻经济负担的同时，在具体工作中也锻炼了能力，增长了才干，不断获得自信心、增强自我认同感，塑造了学生的自立自强品格。

第一，勤工助学能有效引导学生树立依靠自己的独立自强意识。勤工助学，是学生在业余时间通过付出劳动获得报酬的一种资助方式。参加勤工助学既不影响学业，又能获得报酬，是学生最愿意获得的资助方式。

第二，勤工助学有助于培养学生的独立生活能力。部分参加打扫、清洁、图书管理等服务性质岗位的学生，在为他人服务的同时，改变自己的某些不良习惯，提升自我管理能力；勤工助学给学生带来的经济效益也有助于培养学生的独立理财能力。

第三，参加勤工助学的学生在遇到问题时需要独当一面，潜移默化中培养了学生的独立思考能力与独立解决问题的能力。运用勤工助学这一抓手，推动学生自立自强品质与艰苦奋斗精神的形成，不断提高高校思想政治教育的实效性和针对性，促进学生全面发展。

八、提升学识素养

随着时代的发展，社会对人才的要求已不仅仅局限于人们具有某一方面的专业技能，更要求人们掌握运用不同领域知识。这事实上就是"专才"与"通才"的关系。社会对"通才"的渴求愈益强烈，学校对"通才"的培育也愈益重视。国内外部分高校开设通识教育课程就是为了满足社会对"通才"的需求。但"纸上得来终觉浅"，学校迫切需要开辟人类获取知识的第二条途径——实践途径不断拓展学生学识，加深学生理解，提升学生学识素养。

一是有助于弥补学生知识结构，拓展学生知识领域。知识经济时代的一个突出特点就是知识更新换代速度极快。高校的课程结构经过数年甚至数十年的实践、完善已经达到一个相当严谨的程度。但高速变化的知识体系让学校仍不能完全适应变化，即便是最严谨的知识结构仍然无法涵盖知识的方方面面，也不能满足学生学习的全部需要。这时就需要运用实践的力量。学生资助中的勤工助学已然成为学生参与实践学习，弥补课本知识学习缺陷的重要道路。学生在勤工助学活动中接触不同领域知识，不断拓展知识领域，完善知识结构。

二是有助于提升学生知识层次。实践是认识的来源与目的。学生学习知识的最终目的是指导实践以实现认识的第二次飞跃。当前高校的课程设置理论多于实践。尽管越来越多的高校在设置课程时，添加了与专业知识应用相匹配的实践课程，但所占课时很少。高等教育仍缺少让学生自主探索的平台。部分知识型勤工助学岗位就能为学生实践提供这样一个平台，引导学生运用所学指导实践，在实践过程中加深知识学习，提高学习层次，最终实现认识的第二次飞跃。

九、培养综合能力

能力是指个人综合素质的集中体现，个体能力的强弱直接影响工作学习效率和自身的心理状态。随着时代发展，社会对人的综合素质要求不断提升，更加需要满足社会发展的复合型人才。大学生是社会发展的高素质人才，是国家重要的人才资源，因此，大学生不仅需要具备深厚的知识储备，还要具备较高的综合能力素质。"三全育人"理念下的高校资助育人工作具有对家庭经济困难学生能力提升的功能，它注重提升家庭经济困难学生的综合素质能力，这些能力主要包括理论运用能力、人际交往能力和劳动实践能力。

参与校外实习实践、家庭经济困难学生相关社团和勤工助学岗位等途径是提升家庭经济困难学生综合能力的主要途径。首先，校外实习是增强学生理论运用能力的重要实践途径，家庭经济困难学生结合自己的知识储备，在具体实习岗位上加以运用，提升知识应用能力；其次，积极参加家庭经济困难学生组成的相关社团，比如自强社、爱心社等，是增强家庭经济困难学生人际交往能力的有效方式，在社团活动中，增强社团成员之间的联系交流，从而提升人际交往能力；最后，勤工助学是家庭经济困难学生增强劳动实践能力的主要途径，高校勤工助学工作内容较为复杂，家庭经济困难学生在完成工作时，需要不断学习新的技术和方法来解决具体的工作任务，在这个过程中，可以不断提升家庭经济困难学生的劳动实践能力。

第五章　国外高校资助育人工作与启示

本章分为国外高校资助育人工作理念、国外高校资助育人工作模式、国外高校资助育人工作启示三部分，主要包括慈善救人理念、教育机会均等理念、为了国家利益理念、人力资源投资理念、美国资助育人模式、英国资助育人模式、日本资助育人模式、其他资助育人模式、推进高校资助政策法制化、健全高校的资助育人机制等内容。

第一节　国外高校资助育人工作理念

一、慈善救人理念

西方教会的慈善文化中，强化了慈善的责任和义务，从近现代大学产生的最初阶段一直到 18 世纪，西方教会的影响遍及社会的每个角落。因此，本着慈善救人的理念对高校学生进行资助是教会的一项重要任务。在当时的西方，教会向高校学生提供经济资助是非常普遍的现象，这一方面帮助了高校学生，解决了其经济上的困难；另一方面是教会向学生宣扬教义的一种手段，对学生施以压力，为教会培养后备力量。美国高校学生资助依赖地方和教会，以"慈善之心"的资助理念资助学生，借此在学生中去传播宗教，为社会服务。这一理念直到现在仍然是美国高校资助的重要支撑，社会各界的私人资助也来源于此基本动机。

二、教育机会均等理念

教育机会均等的原始含义是指满足教育条件的各阶层人员都能享受到平等的教育机会。即具有同等意愿和能力的人，都应享有对应的参与权利，如果这部分群体中，只有一部分人享有对应的教育入学机会，那就意味着教育机会不均等。

在现实中,教育机会均等是指社会成员不论其种族、民族、性别、宗教信仰、经济地位和政治地位等方面有何不同,都可享有同等的受教育机会,既包含数量层面的机会公平,也包括质量层面的机会公平。

这一理念在早期对高等教育产生了较为重要的影响,使人人享有教育之权利,不论贫穷富贵都应得到教育的机会。受欧洲启蒙思想的深刻影响,1776年7月4日通过的《独立宣言》中提出"人生而平等"这一理念。作为《独立宣言》起草人之一的杰弗逊(Jefferson)对这种"人生而平等"的资助理念曾有较为完整的论述,他说:"人生而平等,具有天赋的'自然贵族'不仅出生在富裕家庭,而且会出生在贫寒之家。他们是社会的财富。在贫寒家庭无力供养他们上大学时,政府和社会就应该出资教育他们,把他们培养成人民福祉的捍卫者。这样做,对国家和人民来说是非常值得的。"这一理念为"教育机会均等"奠定了基础,"人生而平等"进一步延伸演化为"教育机会均等"的思想。1965年,美国国会通过了《高等教育法》以促进"教育机会均等",这是第一部完全以学生经济困难程度来决定资助方式和资助金额的法律,它授权联邦政府为有特殊经济困难的合格高中毕业生接受高等教育提供"基本教育机会助学金";为高校在校生设立联邦、州及私营机构低息的"国家担保贷学金"和资助高等学校的"校园攻读机会"等。联合国于1996年颁布的《关于经济、社会和文化权利的国际公约》要求"高等教育应该根据能力,以各种适当的方法,尤其是以积极推进免费制度,使人人有平等接受之机会"。受这一公约的影响,各国纷纷以"教育机会均等"理念为基础制定了相应的资助政策,主要以日本、德国、法国为代表。而美国更是颁布了两部关于大学生资助的法令,形成了较为完善的来自政府、州、高校以及社会各界私人资助的资助体系,包括助学金、勤工俭学、贷款和奖学金等。

三、为了国家利益理念

国家利益是国际政治领域研究中一个重要的概念,是现代民族国家处理国际关系的决定性因素,是国家行为的根本出发点。国家利益并不是伴随着国家的产生而形成的。在民族国家没有出现时,不存在具有现代国际关系意义上的国家利益。民族国家形成之前所存在的"国家利益"是指统治王朝或者君主的利益,并不代表包括民众、各社会利益集团等阶层在内的利益,而是特指占据统治地位的统治阶级的"君主意志"或者是"王朝利益"。在其所进行对外交往与活动的最终目的也是为王朝服务。民族国家形成后,"国家利益"也就随之而来,其经常在国际舞台中被用来表达主权国家的需求。国家利益经常被新闻媒体广泛报道,这无一不显示出国家利益问题是人们所关注的热点之一。

"为了国家利益"这一理念的典型代表是苏联和美国,20世纪后,这一理念已深入人心。1918年,苏联颁布的《高等学校入学条例》中提出"为了国家利益"这一理念,表明高校必须无条件招收无产阶级与贫苦农民出生的学生,普遍发给他们助学金,并在全国范围内普遍实施了助学金制度。1944年和1958年美国国会前后通过了《1944年军人再调整法》和《国防教育法》。《1944年军人再调整法》的颁布源于第二次世界大战结束后大量闲置退伍军人所引发的政治、经济和社会等各个方面的问题,加之当时的美国经济也急待恢复和发展,需要大量的科技人才。《1944年军人再调整法》以立法的形式给予退伍军人资助,以帮助退伍军人能够接受教育,开展个人的事业。为了发展经济,提高国家的整体实力,美国政府增加了对高等教育的投资。1958年《国防教育法》明确规定:"联邦政府对高等教育进行资助是履行国防义务的一部分。"据此,美国联邦政府设立了"国防贷学金"和"国防奖学金",正式诞生了第一个联邦学生资助工程——国防学生贷款工程。苏联和美国在基于"国家利益"的理念下,都对高等教育进行了资助,在当时的历史情况下,也切实起到了一定的作用。

四、人力资源投资理念

这一理念的提出最早来源于经济学家西奥多·舒尔茨(Theodore Schultz)。20世纪五六十年代,加里·贝克尔(Gary Becker)等人研究了教育对国民经济增长的重要作用,把教育认为是一种人才资本的投资,这比其他任何物质资本的投资的回报率都要高且更具有投资价值,它不仅仅具有一定的经济效益,还具有一定的社会效益,因此,国家应该将大学生的资助作为一种投资。"人力资源投资"被认为是实行学生贷款的理论来源。就美国经济增长而论,已有大量数据表明学校教育和大学的科学研究仍是经济增长的主要源泉。美国联邦政府把对家庭经济困难学生的资助当作一种投资,一定程度上也激发了社会各界人士对美国高校学生资助,扩大了资助来源。在"人力资源投资"理念的影响下,"教育机会均等"

这一理念的诞生，促成了多种混合资助体系的发展，帮助了家庭经济困难学生完成学业，增加了当时的大学生平等受教育的机会。在这一时期的学生资助根据不同的学生的情况还会变换资助方式，这也说明，资助从为了国家利益逐渐向个人需求的转变[①]。

第二节　国外高校资助育人工作模式

一、美国资助育人模式

（一）助学金

1. 助学金形式

包括基本教育助学金和教育机会助学金。基本教育助学金作为联邦政府对学生的资助中最重要的一项，每年对于这项助学金的预算需经过国会的审核后才能通过，这项助学金每年只有一次申请机会，但为免偿还项目。另外是增补教育机会助学金。该项奖学金的资金由美国政府发放，但是每年给学校的资金总数基本上是固定的，也就是说，如果申请学生较多，则每个学生得到的资助就会相应减少，该项助学金也是免偿还项目。

2. 助学金政策

（1）美国佩尔助学金政策的制定

美国著名的助学金政策，由美国总统签署后生效，被称为美国佩尔助学金政策，在《高等教育法》中英文名称为 Title IV。该政策随着时间的推移，需要进行改进，会由美国参议院和众议院的成员，提出需要改进的建议，并提交给国会，由国会成员投票通过后，对助学金政策进行修改，并作为《高等教育法》的补充法案。在该助学政策中，一个学生能够收到多少的资助金，则是通过家庭预期贡献（Expected Family Contribution，EFC）来确定。美国佩尔助学金的申请，需要学生填写电子版的申请表，即《联邦学生资助申请表》并发送给当地的教育部，之后教育部则对资助的金额进行评估。

---

① 廖杨丽. 民办高校资助育人工作研究[D]. 重庆：重庆工商大学，2016：16.

美国出台佩尔助学金，是为了保证家庭困难的学生享受受教育的权利。一开始的助学政策是直接将助学金拨入家庭贫困且需要资助的大学生所在学校。而如何审核学生是否需要资助，则是由高校进行评定确定学生名单，有学校向学生提供资助资金。但是由于助学金不是直接拨入学生账户中，导致资助的范围较窄，并不能惠及更多的贫困学生。

针对这种情况，参议院议员佩尔指出，当前助学金的缺陷，即资助的贫困学生较少，不应该只有大学生才能享受到资助，其他类型的学生也需要资助，因此，佩尔助学金概念逐渐形成。与之前美国助学金政策相比，佩尔助学金政策的范围更广，即中学之后需要资助的学生，都可以享受到助学金政策的支持，直到顺利完成学业。

（2）美国佩尔助学金政策在社区学院的执行要点

第一，申请资格。如需申请佩尔助学金，学生除了需要满足基本要求外，还需要满足佩尔助学金政策的其他条件：①学生已经被合格社区学校录取；②学生需要高中毕业证书，如果没有则需要通过考试，彰显自己具备的能力；③入学的学生，想要持续地享有助学金的资助，则需要保证持续性的学术进步；④受资助的学生，如果出现吸毒或者是贩毒等行为，则取消助学金申请资格；⑤学生在没有偿还完佩尔助学金学生贷款时，不能申请联邦学生资助；⑥学生需要具备公民的一般要求。

根据调查显示，具有以下条件的学生更加容易获得佩尔助学金，如非裔美国学生、残疾学生以及母语非英语的学生等。当然，对于非全日制学生，佩尔助学金也会进行资助，但是与全日制学生相比，获得的难度较大。

第二，申请流程。美国佩尔助学金政策的执行者是美国的联邦政府。贫困学生需要申请佩尔助学金，则需要按照以下流程进行申请：首先填写电子版的《联邦学生资助申请表》进行提交；之后则是教育部根据学生填写的表，来对学生的家庭进行估算，确定学生的家庭预期贡献，并计算出资助学生的金额。随后，教育部门向申请资助学生传达《学生资助报告》，明确是否获得资助名额，以及资助的金额。与此同时，申请助学金的学生，所属学院会收到来自教育局的《学院学生信息记录》，告知学院申请助学金学生的一些信息资料。完成上述一系列操作后，美国联邦政府直接将资助的资金拨入到贫困学生提供的账户中。

第三，对贫困学生的认定。美国对于家庭贫困的学生，进行判定则是利用EFC来确定。家庭预期贡献是指家庭用于学生就读社区学院的支出，即家庭能够承担多少上大学的成本，其计算公式为：EFC＝（家庭收入＋财产）－（平均生活开支×人口）。通常情况下，计算EFC较为复杂，而具体的计算形式美国则是编入法律之中。如果申请学生算出的EFC低于规定的标准，则会享受到佩尔助学金的资助。

第四，审核监督。佩尔助学金的执行基本上都在网上进行操作，学生申请的各个数据以及审核数据，将被记录到网上助学系统之中。因此，学生在申请助学金填写的表格信息需要真实，不允许造假，如果发现造假行为，则立即取消助学金申请资格。美国联邦政府和学生所属学校共同对学生信息进行审核和资助金额的核算，都是以学生网上填写的申请资料为基础。学生在提交助学金申请报表两周后则会收到由教育部门传达《学生资助报告》，明确是否获得资助名额，以及资助的金额。如果学生发现数据上有问题，则可以向教育部门申诉申请修改。与此同时，申请助学金的学生，所属学院会收到来自教育局的《学院学生信息记录》，告知学院助学金申请学生的一些信息资料，学院需要核实学生信息的真实性。

（3）美国助学金政策在社区学院的执行效果

目前佩尔助学金政策的实施对象包括社区学院的各类型学生。注重学生的资质，即学生的学术要优良，当然也会考虑学生的家庭情况。由于社会的不断发展，佩尔助学金的资助范围也在逐步扩大，根据时代的需求进行一些调整，由原来学生家庭每年低于收入1500美元到现在的2500美元。随后，还根据学生家庭的具体情况，将学生家庭的收入进行更加细的等级划分，有5个等级，第一等级为0～30 000美元；第二等级为30 001～48 000美元；第三等级为48 001～75 000美元；第四等级为75 001美元～110 000美元；第五等级为110 001美元。佩尔助学金根据学生家庭的收入等级，来确定资助的金额，不同收入那么获得资助金额也有着巨大的差异。

（二）助学贷款

助学贷款的形式比较丰富，学生可根据自身情况选择合适的方式，包括国家直接贷款、政府担保的学生贷款、家长贷款和抵税贷款四种。国家直接贷款是政府直接拨款给学校，然后学生根据需求向所在高校提出贷款申请（其贷款利息在 5% 左右，远远低于银行利息），学校作为实施方对申请贷款的学生进行比对，结合资金余额和学生情况分配贷款发放。从毕业后的第七个月开始，享受学校贷款的学生需要开始偿还贷款的本金和利息。另外，政府担保的学生贷款是由政府向银行支付 5% 的利息并且作为经济担保支持学生，学生有了担保再去银行贷款，银行利息为 8%，同样，学生需要在毕业后第七个月开始偿还贷款，并在十年内还清。而家长贷款的要求会较高，同时需要负担的利息也较高。这就不仅仅要求家长有偿还能力，或是使用固定资产作为银行抵押进行贷款，此项贷款的利息也达到了 12% 左右，在贷款两个月后便要开始偿还，要求贷款者在五到十年内偿还清。最后是抵税贷款形式。这一项目由联邦政府提出，主要的作用是帮助贫困生能够负担起在校期间大一至大二的学费。具体内容如下：在美国家庭，如果家中有大学生，则每年收入中就有一万美元是免交所得税的，如果大学生能够在学校学习的前两年取得 B 等以上的成绩，其所在家庭就可以享受相当于美国公立两年制社区学院两年学费的抵税退款，共计 1500 美元，所以，这项措施对于在社区学院就读的学生而言，相当于整个大学阶段接受了免费教育，对于在四年制大学就读的学生来说，也相当于接受了两年的免费教育。

（三）工读付酬

政府每年向学校发放一定的资金，而这笔资金专门用来资助半工半读的学生。家庭经济困难的学生，可以利用课余时间通过在校内一些岗位或者到校外的非营利性组织工作的方式获取相应的报酬，与我国施行的勤工俭学措施相同，家庭经济困难的学生可以提出申请，最终由学校相关部门做出是否给予困难学生资助的决定。1993 年，"全国服务信托计划"由时任美国总统克林顿提出，这项计划的内容是国家要在社区教育、保健、公共安全、环境保护等几个领域提供每年 1700 个小时的工作岗位，这项计划专门为经济困难学生量身定制，对于那些经济特别困难的学生可以申请两个工作岗位，通过这个政策使他们通过劳动可以得到基本报酬。

二、英国资助育人模式

（一）英国资助育人理念的起源

在 19 世纪前，英国一共有 6 所大学，即 1167 年建立的牛津大学、1209 年建立的剑桥大学、1314 年建立的圣安德鲁斯大学、1451 年建立的格拉斯哥大学、1495 年建立的阿伯丁大学、1583 年建立的爱丁堡大学，被合称为中世纪大学（Medieval Universities），这些大学自诞生之日起就有了"大学生资助"的初步概念。中世纪时期资助学生或是创办学院都被视作宗教行为，而当时英国对大学生的资助主要来源于教会和民间私人捐助，并形成了大学生资助最纯粹的原则——"慈善"。教会和慈善家捐资兴建了英国第一批大学，并以"慈善"和"宗教"的理念设立了奖助学金，培养虔诚的信徒。学生在校学习期间，要定期到教会从事志愿服务工作，或者在完成学业后选择宗教神职为终生职业目标。因此，当时的英国大学主要以"服务宗教"为资助育人的目的。13 世纪初，"大学生资助"的初步概念在牛津和剑桥大学里细化为了具体章程，并成立学院旨在为贫困学生提供食宿。这些学院区别于现代大学的学院模式，学院会为家庭贫困的大学生提供学习和寄宿的场所，保证他们不因贫困而失学，资助他们顺利修完学业。

19 世纪后期，由于英国大部分高等教育机构的经费来源主要依靠私人捐赠和学生书本费、寄宿费等的收取，常处于财政短缺的困境，因而以大学的功能——"为国家培养专门人才"为由向政府申请教育经费的资助。英国政府于 1881 年首次拨款 4000 英镑给威尔士两所学院，英国国会随后增拨 1.5 万英镑给所有高等教育机构，此举拉开了高等教育资助的先河。20 世纪，英国先后颁布《1902 年教育法》和《1944 年教育法》，强化了"教育机会均等"和"人力资本理论"的理论影响，加之英国于 1948 年率先建成"福利国家"，推行普享性原则、统一性原则和均一性原则，因此接受高等教育被视为英国全体公民的福利，自始英国政府为所有全日制大学生缴纳学费，为贫困生提供"生活补助"，施行"免费加助学金"的资助政策。

英国在健全大学生资助政策，扩大高等教育参与率的同时，也注重对高等教育质量的监控。英国早在 1919 年就筹建了大学拨款委员会（UGC），专门负责给各大高校进行拨款，该委员会原本隶属于英国财政部和国库，其职责是调查英国大学的教育经费需求并进行监管，每5年拨付给大学一次，对政府和议会就如何使用和管理教育经费提出建议。1964年后，大学拨款委员会被划拨到英国教育科学部，教育科学部在负责教育经费拨款的同时，更加注重对高等教育质量的监控，致始该委员会增添了教育质量监控的职能，也表征着英国大学生资助政策尚在萌芽期摸索前进。

（二）英国资助育人的特点

1.资助政策法制化

英国政府很早就通过法律的形式规范高校收费和学生资助，英国政府最早出台《1902年教育法》向大学生提供助学金，关注贫困大学生的学费和生活费问题，并向大学生提供助学金，其内容包括加强对低收入家庭学生的资助；1987年，《高等教育：应付新的挑战》白皮书提出了著名的"罗宾斯原则"，自此成年人、孤、弱、病、残等弱势群体学生开始进入大学校园；《迪尔英报告》也提倡应最大限度地实现高等教育机会公平，建立公正、透明的学生资助体系。由议会通过的《2004年高等教育法》对高等教育入学资助上进行了改革，国家因而成立公平入学办公室（OFFA），重点审批和监管高等院校资助和收费情况，例如学费的收取若超过每年1125英镑，则必须上报OFFA审批。同时成立了高等教育独立仲裁办公室（OIA），专门处理高校学生的举报、投诉。

在近十年的英国高等教育发展进程中，大学生资助政策也不断以法律形式调整。例如，在2017年4月，事关英国高等教育立法改革的《高等教育与科研法案》被批准通过，政府将设立学生事务办公室并委托其开展教学卓越框架（TEF）评估工作，在保证大学生资助工作稳固开展的前提下，进一步提升大学的教学质量，并以每年的学科评级作为允许大学提高学费标准的依据；2020年更新的《2019—2020年学生贷款的服务条款指导书》，文件具体规范了高等教育收费和学生资助政策的细则。近十年英国大学生资助政策不断调整，脱欧背景下的英国高等教育正进行着新一轮改革，也促进了英国大学生资助政策的法制化。

在英国，法或法案是国家立法部门制定的法律，报告和白皮书则是政府行政部门制定的政策性、规范性的文件，三者共同构成一个兼具关联性和层次性的英国资助法律体系。其一，以法或法案形式呈现。英国高等教育资助制度法案皆由英国上下议会分别通过，由英国国王批准颁布。如由英国议会颁布的《1912年教育法》和《1944年教育法》，以及1988年的《教育改革法》，都是权威与制度的表征。其二，英国高等教育资助的每一部法案都是由相关职能部门委托调查委员会进行的专题研究，为政府所采纳考量通过后，正式颁布并在全国范围内实施，例如1960年《安德森报告》和1963年《罗宾斯报告》就被视为具有法定效力的政策文件。其三，白皮书系列。被归为白皮书一类的文件，比报告更具法定效力，但次于法律，例如2003年的《高等教育的未来》就属于白皮书。除此之外，英国还通过其他立法来强化法制体系和保证高等教育机会公平。例如，《人权法》《2010年平等法》等从"人权"角度来强调人人享有受教育权，《反性别歧视法》《反残疾人歧视法》等强调性别平等，保障弱势群体的公平入学机会。

总之，英国高校资助育人的法律制度比较完善，且比较稳定，有利于受助学生和资助者依法行使自己的权利，履行应尽的义务。英国的高校助学制度具有法制化、制度化的特点，为英国高校助学工作的民主化、科学化和法制化提供了强有力的保障。

2. 资助模式多元化

2010年以来，由于脱欧进程导致英国高等教育生源流失，大学生资助政策于2012年、2016年和2017年进行了频繁调整，十年内学费门槛上涨6250英镑，大学生资助的模式也发生了变化。近十年来，虽然英国大学生资助对象变窄，但资助政策总体呈现出覆盖面广、多元立体的特征，以"精准滴灌"为导向，开设多元化的资助渠道，为困难学生设立"资助包"，学生贷款、奖助学金等多种资助项目都囊括其中。其中，以助学金和助学贷款为主要资助方式，辅以额外资助为补充。特别是政府设立了额外资助，向特殊群体提供了残疾学生津贴，家属补助金和差旅补助金，既显示出英国大学生资助方式的多样性，也充分体现出英国社会健全的福利政策，每一项资助都能传递出政府的温度，体现出人性化、科学化和规范化。英国大学生资助除了常见的奖、助、贷资助方式，政府还设立了多元资助形式以面向不同大学生群体，如面向已婚学生的"儿童抚养助学金""父母学习津贴""家人抚养助学金""学生子女税收减免"；面向有学习障碍的学生的"学习障碍学生津贴"；面向医学和教育专业学生的专门津贴，如"教师培训津贴"和"健康护理津贴"，以使在面临脱欧冲击的英国高等教育，尽可能地呈现出多样化和稳定的发展状态。

3. 贷款风险分担机制健全

英国政府自出台《2004年高等教育法案》就规定，学生贷款公司具体负责管理和运作英国大学生贷款业务，由政府承担贷款本金的预算拨款。自此，英国大学生资助一直采取"政府→中介→学校"的三元拨款体制，有效地在政府与高校之间设立了"缓冲器"——学生贷款公司，学生贷款公司是一个非营利性的中间机构，对贷款的发放、维持和回收进行管理。学生贷款由学生贷款公司、地方教育部门、国家税务局与大学共同完成，具有体系完整、操作简便、管理规范的特点，能有效提高公共行政效率，下放政府权力。2010年，英国颁布的《布朗尼报告》中建议政府预先为申请贷款的学生垫支6000英镑的学费，类似于我国设立的"绿色通道"资助方式，让经济困难学生先上学后缴费，也减轻高校的财政负担。

英国政府贴息为大学生提供学费、生活费贷款，也意味着贷款的金额数值与承担风险成正比，这会主观上削弱各高校发展完善助学贷款的意愿。英国的学生贷款属于政策性贷款，在利率和利息上执行"零利息"。诚然，英国的"零利息"并不适用我国国情，且区别于我国政策性的商业贷款，由政府对贷款利息进行补贴，兼顾三方利益。商业贷款的特点为利息比通货膨胀率高，以提升银行放贷的动力，若利率仅与通货膨胀率相同，银行会因无利可谋而放弃承贷，放贷的风险与金额将全部转移给政府。英国政府全额承担生源地助学贷款的风险补偿金，若助学贷款损失高于风险补偿金，差额部分由学生贷款公司和政府部门各分担50%，则减轻了高校在生源地助学贷款中承担的风险。

4. 贷款回收系统完备

英国高等教育在完成普及化进程后，致力于推进国家高等教育现代化，对于大学生贷学金的管理，设有一套完备的个人征信系统，以推进英国大学生资助政策的顺利实施。每一个英国公民都会拥有一个英国国家社会保险号，薪酬、借贷、纳税都会被清楚记录进信用档案。贷款学生一旦出现欠债不还，就等于放弃与自身信用联系在一起的所有利益。

英国于1830年在伦敦成立了世界第一家征信公司，经过上百年的发展和整合，目前英国信用管理机构主要包括三家公司：益百利、艾贵发和邓白氏。征信公司能通过法院、警局等公共部门获得个人信息，获得银行、房地产公司等提供的个人信用状况，并建立起大数据信用库，强化对人民的信用制约。加强信用制约，不仅是高等教育对教育主体的行为规范，也是社会、经济、市场多方的基本原则，让诚实守信为全社会筑起保护墙。

建立完备的个人征信系统是英国政府提高贷款回收率的一项有效措施，通过完善的电子信息网络及时掌握贷款人的情况，加强信用制约，强化全社会对信用规范的认知，推动英国大学生资助政策更有效地实施，提高助学贷款的回收率，减少赖账、逃税等与金融机构进行非理性博弈的违信行为。

三、日本资助育人模式

日本高校学生资助制度发展早，历史长，覆盖范围广，已经形成了比较完备的资助体系。其资助理念强调以政府为主导，以"收费加贷学金"的形式表现出来，具体有以下三种：

（一）资助理念科学有效

通过政府主导的方式，有效地平衡了本国的教育与经济之间的关系。日本贷学金政策一开始的理念便是"政府资金必须首先针对最需资助者""大学生的资助目的是解决学生求学期间本人的暂时经济困难"以及"大学生毕业后有较高的个人回报，因此有义务归还资助资金"。日本建立起高收费高资助的制度，在学生贷款运作中采用"收费加贷学金"模式，始终坚持以贷学金为政府资助的基本方式，长期实行上大学缴费，以贷学金为主要资助办法的学生资助政策。现今，日本已成为世界经济强国，但这一资助理念模式却始终未变。

（二）资助以政府为主导

日本政府对于资助体系的高度参与和重视，为健全其资助体系，有效控制风险，实现教育机会均等提供了有力的支撑和保障。日本育英会发放贷款的资金主要是由政府划拨，如果政府是贷款的出资者，则通常会制定较低的贷款利率，如日本学生负担利息的有息助学贷款，利率仅为3%而已。日本政府为了鼓励商业银行发放贷款，往往会承担贷款方案实施的部分管理成本，根据世界银行的报告分析，日本每提供一份助学贷款，就同时支出相当于52%的"隐形奖学金"。可见，日本政府在助学贷款运作中始终担任了责任主体作用，在资助制度的制定及执行实施的过程中占据了主导地位[①]。

（三）日本的资助资金回收

在日本高校，半数以上的大学生都需要通过"贷学金"也就是助学贷款，来支付学费。为了确保资助工作顺利实施，日本大学生从入学第一天开始，就必须接受正规的诚信教育，不仅要建立诚信档案，还要人手一本"心的笔记"，社会和家庭也要全力配合，发挥各自优势，开展大学生诚信品格全方位教育。社会、学校和家庭诚信教育的完美结合，再加上无处不在的信用监督，让更多的日本大学生形成了对诚信的认可，"骗取资助""欠贷不还"等资助诚信缺失现象从道德上就会被更多人所不齿。与此同时，为了规避资助风险，减少资助失信现象的发生，日本还构建了一套较为完善的助学贷款回收保障体系。为了推广高校资助事业，日本政府设立专门机构负责资助经费的发放与回收，即"日本学生支援机构"，而不是委托给银行来经营助学贷款业务[②]。

四、其他国家资助育人模式

（一）学费补贴模式

在新加坡，高校的生均成本主要由收取学费获得，但是由于学费的支付者通常没有能力支付全额学费，于是，政府会经常向大学拨款，帮助学校承担必须开支，直接抵消了学校的日常成本。因此，学校便可以降低主要收入，即学生的学费，通过这种方式可以帮助学生上学，不受学费压力的影响。

（二）契约性奖学金模式

新加坡政府为了吸纳更多的人才，每年都会对那些学习成绩优异且家庭经济困难的学生予以资助。接受了资助的学生必须承诺在毕业后为政府服务三到五年。

[①] 李湘，林纯. 家庭经济困难学生就业竞争力提高：美日资助育人模式及其启示 [J]. 淮北职业技术学院学报，2014，13（06）：22-23.

[②] 刘世权. 国外解决高校资助诚信缺失问题的经验及启示 [J]. 山东农业工程学院学报，2017，34（04）：100-101.

（三）成本差别学费模式

由于不同专业的教学成本差异比较大，这一点在澳大利亚特别明显，他们不同专业的学费差别也比较大。针对此种情况，澳大利亚通过把高校专业归类为三大类，三个专业类别的学费呈现递增的形式，帮助贫困生可以有更多的选择性。

第三节　国外高校资助育人工作启示

一、完善高校的资助育人政策

党的十八大报告提出"坚持以人为本、执政为民"，教育更应该以人为本，一切为了学生为出发点，对于高校来说"教育"是其主要使命。以人为本作为一种价值观，归根结底就是要突出人的发展，以人为基础，以人为前提，以人为动力，以人为目的。"以人为本"具体运用到高校学生工作中就是"以学生为本"，即要确立学生高校中的主体地位，坚持依靠学生办学校，以为学生成才服务为办学宗旨，又要保障学生的利益，重视提升学生的综合素质。

起源于西方慈善事业的社会工作是一种"助人自助"的专业工作，即动员各种有用社会资源，对社会成员的各种困难和问题进行帮助、解决，促使弱势群体或病态个体得到积极发展。"助人自助"伴随着西方社会文化思想、工业化、城市化的发展而发展，对社会工作有很大影响，促使社会工作从最初慈善机构的行为发展到一种专业化、制度化的助人利他活动。可见，在社会工作的发展中，"以人为本"理念一直是专业社会工作的核心价值。社会工作作为一门应用社会科学，以利他主义为指导，以助人为宗旨，以科学的知识为基础，运用科学的方法和手段进行助人服务。在中国，大多数的资助来源于国家资助，拓展更多的社会资助是解决高校资助"供求矛盾"的有效方式之一[①]。

二、坚持政府主导的资助制度

关系教育公平的事情，必须坚持政府主导，政府在学生资助筹划、管理、资

---

① 廖杨丽. 民办高校资助育人工作研究 [D]. 重庆：重庆工商大学，2016：18-19.

金筹集、政策制定等方面必须担起主导和管理的职责。不管是美国的联邦政府主导的学生资助，还是日本政府文部科学省下设的学生支援机构，都是在政府主导进行的。所以，我们国家也要坚持政府主导，只有在政府主导和监管之下才能有效保证资助资金公开、公平合理使用，不会被截留、挪用。

三、广开社会资助资金渠道

要想解决贫困生资助中存在的问题，仅仅依靠国家和政府是不够的，还应当从社会方面入手，广开社会资金渠道，联合社会一切可以联合的力量合理解决贫困生问题。美国的高校从办学经费中拨出部分资金专门用于学生贷款或与银行一起共同作为贷方，帮助学生解决困难、学校提供勤工俭学岗位、采用弹性学制、降低学习支出等。日本的地方自治体、民间及大学自身提供的奖学金，日本的各地方自治体及民间设立的奖学金，以及许多企业、个人等民间机构设立各种形式的奖学金。这些都是在政府财政预算以外社会团体和爱心人士回馈社会帮助家庭困难学生的具体举措。我们国家的高校给家庭困难学生提供勤工助学岗位、学校奖学金、校企合作专业学生受到企业提供的助学金和奖学金等尚处于初级阶段，需要我们不断探索和完善[①]。

四、完善资助风险防范机制

加强资助工作制度建设，完善有效的风险防范机制，是降低贷款违约率、预防资助诚信缺失的关键。政府机构应该成立专门机构，加强助学贷款立法，增加失信行为的风险和成本，使贷款者严格履行还款契约，消除失信行为的外因。国家助学贷款制度的法规陆续出台后，相关部门在实施过程中，也要进一步健全法律法规，明确政府、银行、学校、学生等各方的权利和义务，增加执行的约束力与强制力，任何一方违约，都要严厉处罚，受到相应的法律制裁。在完善法律法规的同时，国家还应该进一步规范资助贷款体系，制定更加符合实际的还款政策，提高学生还贷积极性，降低还款拖欠率。刚毕业的大学生生活、工作等各方面压力很大，为了减轻学生压力，增加学生还贷能力，我们可以借鉴日本将还款期限

[①] 王武超. 国外高校贫困生资助政策对我们的启示[J]. 现代职业教育，2020（01）：110-111.

延长至10年左右,同时采用按照收入一定比例还款的方式取代分期偿还固定金额,个人收入的逐年增加也就保证了贷款的顺利回收。随着我国社会保险制度不断完善,参与的人数越来越多,我们还可以借用社会保险机构逐年回收毕业生的助学贷款。所有高校毕业生都会参加社会保险,通过它扣除学生的还贷,减轻了学生的还款压力。针对家庭困难和就业困难的毕业生,国家还可以制定一些鼓励政策,缓解他们的就业压力,拓宽他们的基层就业渠道。毕业后自愿到艰苦地区从事艰苦工作的学生,国家应该以资金补助的方式帮助其偿还助学贷款,切实提高他们的还贷能力[①]。

---

① 刘世权. 国外解决高校资助诚信缺失问题的经验及启示[J]. 山东农业工程学院学报, 2017, 34(04): 100-101.

第六章　高校资助育人的运行保障

高校资助育人工作的顺利开展和不断完善，需要一整套与之相匹配的体制合力运作。近年来，高校资助育人工作取得较大的发展和突破，建立起完整有效的学生资助政策体系，并实现从单纯助困向综合育人发展，有力促进了教育公平和教育事业的发展，而这些都有赖于其制度保障、组织保障、管理保障三个维度的共同作用。从制度建设、组织机构、管理机制等多方面优化资助工作流程，提高高校资助资源转化效率，为高校资助育人工作提供各类重要的保障。本章分为高校资助育人的制度保障、高校资助育人的组织保障、高校资助育人的管理保障三部分，主要包括形成规范的资助育人制度、形成全员推进的资助育人保障制度等内容。

第一节　高校资助育人的制度保障

一、形成规范的资助育人制度

（一）规范家庭经济困难学生认定制度

开展学生资助育人工作的起点就是家庭经济困难学生的认定工作，认定结果的公平性、合理性关系到家庭经济困难学生切身利益的保障和教育公平的实现，甚至关系到整个资助育人工作的效果。因此，进一步规范家庭经济困难学生认定制度，不仅可以提高资助育人工作的效率，保障资助育人活动开展的科学性、合理性，而且可以发挥资助育人活动的思想引导和心理疏导功能，以此为契机对大学生进行理想信念教育、挫折教育以及诚信教育。不断推进家庭经济困难学生认定工作的规范性，可以有效地避免资助育人工作失效情况的发生，为资助育人工作提供良好的实践基础与科学的工作平台。规范贫困生认定制度，应做好以下工作：

第一，基础是明确申请条件。以学校所在地的最低居民生活线为基准，明确规定学校学生资助的申请条件，对于上报虚假信息者要追究责任，从基础上保障家庭经济困难学生认定的科学性。

第二，前提是深入了解学生。深入学生群体进行深入调查，高校有关资助工作人员，应充分利用已知条件和现有资源了解学生翔实、真实的家庭情况、个人道德品质情况等，及时与班级同学、代课老师进行交流，掌握学生的第一手资料，全面了解学生情况，建立全面、最新的家庭经济困难学生的基本情况数据信息库，从而为家庭经济困难学生认定、奖助学金的评选提供客观、真实、全面的资讯。

第三，手段是科学合理评议。家庭经济困难学生认定工作，传统的评议方式容易导致受助行为物质化、资助者片面权利化等问题。改变传统的评议方式，进一步增强评议的科学性和合理性，具体流程是：首先由学生个人进行自主选择，在此基础上将评议结果上报给学校资助工作领导小组，领导小组依据原有的学生情况信息数据库综合考虑，进行公正客观的评议。然后是后受助名单的确定，这个环节群众评议小组要参与其中，为了确保评议结果的真实性，需要与资助名单中的学生进行谈话，了解情况。最后，确定的名单要在学校进行一定期限的公示，如果公示存在异议，要针对反映的情况及时调查，保证公平性。依托以上严谨的工作流程，通过加强学生的诚信意识教育，从而引导贫困生学生养成诚信品质。

第四，核心是引入思政教育。在家庭经济困难学生认定阶段，建立起以挫折教育为基础、以诚信教育为重点、以理想信念教育为核心的教育机制。国家的未来与希望是充满活力的大学生，他们是建设祖国的未来之星。因此，我们要引导大学生树立起坚定的、为实现中华民族伟大复兴而奋斗的理想信念。进一步优化认定流程，为实现资助育人的思想引导功能，在流程的各环节引入思政教育元素；利用学校的各种宣传资源（比如报纸、广播、官网以及资助政策的主题班会等），全面、立体、系统地向学生介绍国家的资助政策，激发学生的爱国情怀、感恩意识，引导学生追求人生价值；开展以资助为主题的班会等思政教育活动，让学生客观认识自己的家庭经济状况，引导学生树立正确的金钱观，科学认识目前的贫困状况。

（二）规范基本资助项目管理

进一步规范基本资助项目的管理制度，主要从以下三个方面进行论述：

1. 优化勤工俭学管理制度

为了加强勤工俭学制度体系的建设，可以从如下几个方面着手，保证勤工俭学育人功能的发挥：

一是修订完善《高校学生勤工俭学管理实施办法》《高校资助管理服务中心工作制度》，对大学生勤工俭学的目标、原则以及时间和报酬做出明确规定，并建立其勤工俭学的激励制度。

二是对学生勤工俭学申请和实施办法进行创新和改进，推行双向选择制，对有勤工俭学岗位需求部门应承担的育人职责进行具体化，在"用人"中实现"培养人"的目的，提高勤工俭学的质量。

三是完善岗位分配制度。在进行岗位分配时，要对家庭经济困难的学生优先考虑，保障勤工俭学的合理性和公平性。对于学校内部提供的岗位以及社会兼职特殊需要的岗位优先安排家庭经济困难学生。按照公平竞争的原则分配校内外兼职岗位，提高学生的竞争能力，使其养成自主选择的意识。

四是完善家庭经济困难学生档案管理。对家庭经济困难学生参与勤工俭学的情况、参与勤工俭学后在思想、学业等方面的变化情况，及时记录与反映。从而对学生的思想与发展动态做到及时了解，根据学生思想行为中存在的问题有针对性地进行管理、教育与引导。

五是培养学生的参与管理意识，提高其参与管理的能力。使学生在勤工俭学过程中既接受他人的管理，又可以进行自我管理，达到勤工俭学管理内外统一，相互促进。

六是健全创新勤工俭学岗位拓展机制，对校内外的勤工俭学岗位加大开发力度和宣传力度，为学生提供实际锻炼的机会。对勤工俭学管理制度进一步优化，使贫困学生树立自立自强的品质，提升学生的综合素质。

2. 优化助学贷款管理制度

作为有偿性资助的一种，助学贷款制度应该得到广泛的宣传与推行。不同于助学金，助学贷款要求学生到期偿还银行先行支付的教育费用。助学贷款的周期一般是10年，利率按基准利率执行，学生在校期间利息由国家全额补贴，如出现到期未偿还的情况，将影响到个人信息记录。不同于无偿性资助，助学贷款直接由受理学生贷款的银行支付学生的学费和住宿费，一定程度上实现了资金的专款专用，在实现对学生资助的同时能够保证资金的回笼。

审视现在助学贷款管理制度体系中存在的问题，为使助学贷款管理制度不断规范化，发挥出助学贷款管理制度体系的育人功能，具体来讲可以从下面几个方面着手：

（1）推进个人信用体系建设

通过开展形式多样的诚信宣传教育活动，培养学生正确的诚信意识。现阶段，我国中央银行已经建立起了全国范围内的个人征信体系，诚信深受重视，已经被提升到国家意识层面。不诚信行为不仅会对个人产生诸多负面影响，还会影响学生的日常社会交往。

高校在开展助学贷款工作的过程中，可以搭建一些诚信教育平台。面向社会、学生以及家长进行助学贷款政策的宣传，使学生深刻认识到不诚信行为给自己带来不良的影响；开展以诚信为主题的演讲比赛或者征文竞赛，加深学生对诚信的理解，树立诚信意识，养成诚信的品德。

为学生建立诚信档案，减少学生不诚信行为的发生。从学生入学的第一天开始，对学生的行为进行考核并记录，建立学生诚信档案；对于学生出现的不诚信行为要进行严厉惩罚，特别是在办理相关手续时，比如助学贷款的办理、助学金的申请时，要对学生信息进行认真考察，发现上报虚假信息的学生，取消其受资助的权利，并退还资助金额等，撤销审批过程中的资助项目，并且对所有的后续资助立即停止，将不诚信行为记入诚信档案；将学生的诚信档案与社会信用体系相挂钩，将学生的不诚信行与国家个人征信体系接轨，并把接受资助过程中的各种不诚信情况纳入个人诚信档案，以备为将来国家的社会信用体系所用。采取上面诸多措施的目的在于培养学生养成良好的诚信习惯，践行诚信行为。

进一步健全诚信行为全力约束机制。在学生毕业后，学校要与相关的就业单位保持联络，及时更新学生的就业信息；贷款银行要加强与就业单位的联系，形成对学生的全力约束机制。

（2）增设多种助学贷款项目

助学贷款作为解决家庭经济困难学生入学难问题最主要的资助手段，保障了受教育机会的公平，避免了部分学生因缴纳高昂学费而失学的问题，但是针对助学贷款实施过程中存在的问题，在完善学生资助育人制度时，应注重推动助学贷款由"助困"向"助学"功能的转变。在政策允许的范围内，政府应积极吸收社会资源，开发设立多种助学贷款项目，以提供借款付息的方式，号召企事业单位、社会组织、非银行金融机构等团体为学生提供多种不同性质的贷款服务。例如大学生学费贷款项目、大学生生活费贷款项目、大学生就业创业贷款项目等，从而形成多层次且灵活的助学贷款制度。

此外，高校还可以借鉴国外高校助学贷款制度的运作模式，设立专业化的贷款资助机构，成立半事业性或企业性的第三方贷款机构，专门负责学生助学贷款的审核、发放和回收。通过提供多样化的助学贷款项目，落实好资助的经济保障功能，为资助育人制度的完善提供坚实的物质基础。同时，通过建立健全相关法律法规，保障助学贷款渠道的通畅和政策的顺利落实。

（3）放宽助学贷款条件限制

助学贷款政策主要是针对因经济困难无力支付大学期间学费等相关费用的学生而设立。针对大学生群体的特殊性应设立相应的助学贷款资助工作方式。

基于此，资助育人制度以"资助促进发展"为目标，以人为本的资助理念要求助学贷款的设立要考虑到大学生的实际情况，贷款发放对象应该面向全体大学生，既包括贫困大学生，也包括中等收入家庭的大学生，放宽助学贷款的申请条件限制，对于助学贷款发放对象的评定要充分考虑大学生的家庭经济情况，让有需要获得经济资助的大学生都可以获得相应的帮助，从而形成一种压力，激励大学生提高自身的能力，实现个人的发展，摆脱经济障碍。

同时，助学贷款应上调大学生可获得的贷款额度，大学生可申请到的助学贷款额度应足以支付学费和补助一定的生活费用，让大学生无后顾之忧，可以安心投身于学习中，较低的贷款金额并不能充分发挥助学贷款在资困助学方面的主力作用。

3.优化无偿资助管理制度

做好对于无偿资助管理制度的优化和无偿资助育人功能的发挥，具体来说，我们要做好以下几个方面的工作：遵循"以减代补"和适度原则，加强对学生自强自立品格的培养，通过学费减免的形式代替困难补助，达到资助的目的，这样可以避免学生养成不劳而获的习惯；对学生的资助金额要适度，满足学生基本的生活和学习需要即可，避免过度资助；在勤工俭学中用多余的困难补助设立勤工俭学基金，鼓励学生积极参与到勤工俭学中，用自己的付出获得报酬。

加大宣传教育的力度，使学生具有一颗感恩的心。在困难补助和助学金评选之前，要对学生进行教育引导，让学生感受到国家对于每个困难学生的关心和关爱，激发他们的感恩意识和爱国热情；在资助金发放给个人后，辅导员要及时召开专题班会，开展感恩教育系列活动，着重培养学生的感恩意识。此外，辅导员在开展无偿资助时要注重精神与物质教育相结合，关心学生、爱护学生，注重言传身教，在春风化雨、润物无声中培养学生的感恩精神，让他们学会感恩同学、感恩老师、感恩父母、感恩国家。使受助学生明确自己的受助责任，用实际行动进行感恩回报，树立起强烈的感恩意识。学校、家庭要进行持续的感恩教育，保证学生的感恩意识、习惯内化为最终的感恩行动。真正的感恩教育不是停留在口头的说教，而是应该体现到具体的感恩行为中去。

政府和社会为家庭经济论难学生提供无偿资助不仅仅是为了给贫困学生提供学习的条件，将其培养成社会人才，其深层次的目的也是希望大学生在将来有能力的时候可以将这份爱心继续传递下去。学校资助工作者在工作过程中，一样要把将物质资助与感恩精神教育相结合，不能顾此失彼。比如，在实践中可以规定：获得无偿资助的学生必须参加五次以上的义工活动和志愿者活动，对社会做一些力所能及的帮助；实行爱心承诺制，鼓励高低年级之间"爱心结对"帮扶，在学习工作生活中提供帮助，形成"得资助、传爱心"的良好氛围。

（三）规范资助准则

建立责任机制，对资助工作中的违规行为进行明文规定，明确应承担的责任，具体来讲，应明确以下几种情况的责任规定：一是申请时的违规行为。对不是经济困难学生提供虚假贫困资料获得奖助学金的情况要严肃处理，对家庭经济困难学生通过采取违规手段获得更多或更高层次资助的行为要给予惩罚。对违规行为较轻的，进行严肃教育并要求退回受助资金；对违规行为严重的，除前面所说的处罚外，还要取消其将来获得资助的权利，并根据具体情况给予纪律处分。二是消费时的违规行为。对滥用资助金的学生进行严肃教育。

同时，对受助学生的义务进行明确规定。受助学生不能借着家庭经济困难学生的名义只享受资助而不承担义务。家庭经济贫困学生获得无偿资助之后，通过参加志愿者服务以及社会义工活动等方式来履行自己的义务。

（四）建立分类育人制度

随着家庭经济困难学生资助工作力度的加大，高校资助工作在经济、思想、心理、学习、能力发展方面面临着非常突出的问题。从这个角度出发，可以将受资助的家庭经济困难学生分为两类，即纯经济困难学生、多重困难学生。根据学生面临的困难不同，进行有针对性的资助，建立分类育人制度。

第一，针对纯经济困难学生，主要开展经济资助。如果学生面临的主要情况为家庭经济困难，就可以将其归为纯经济困难学生。对于这类学生而言，他们都具有优秀的思想道德，勤奋上进，而且心理状况良好，具有较强的学习能力强。这部分学生的困难问题可以很容易地就解决掉，只需要给予他们经济上的帮助就可以。

但要引起注意的是，要把握好资助政策的度，避免不同层次的重复资助，如果学生已经享受到了一个层级的资助，那么下一个层级就不再享受资助；如果上一个层级资助较少，下一个层级可能要适当补充；要充分考虑学生的贫困程度、学生人数规模与资助金额相匹配，保障学生生存与发展的基本需求，避免出现"贫困生贵族"。

第二，针对多重困难学生，采取教育援助一体化的资助方式。与单向困难学生相比，多重困难学生面临的问题比较复杂，不仅有经济困难问题，还可能有思想、学业、心理、生活、能力等方面的问题。高校家庭经济困难学生资助的重点与难点就是解决多重困难学生的问题。关于如何解决好这个问题，我国的部分高校在进行相应的探究，以安徽理工大学为例进行介绍。该校以"助学、励志、成才"为指导思想开展资助工作，从而更好地使资助育人功能得到实现，已建立起一套立体化的资助育人工作体系。有学者认为，针对多重困难学生，要采用教育援助一体化的资助方式，并从以下几个方面做好相关工作：

一是建立"受助学生信息档案数据库"与"学校绿色成长计划",这是做好工作的前提。资助工作者要尽可能掌握了解学生全面、客观的信息资料,这样资助育人的方向才可能正确、方法才有针对性、方式才是合适的。因此,从学生进入学校以后,就要着手采集学生信息,做好"受助学生信息档案数据库"(包括资助层级、资助类别、资助额度三个维度)与"学校绿色成长计划"(包括学生的思想道德、心理健康、学业成绩、能力素质四个维度)。

二是建立"资助包",这是做好工作的重点。美国是"资助包"制度最早兴起的国家,资助包的内涵是通过把各种资助政策或措施进行打包形成一个完整的资助包,学生根据自己的具体情况从中选取适合自己的资助措施。这一制度中的某些做法为我国家庭经济困难学生制度的完善提供了一定的借鉴意义。我国高校也可以从以下几个方面着手,进行"资助包"措施的建立:首先,整合现有不同类型的经济资助方式,建立一个完善的资助政策措施包;其次,梳理学生的思想道德、心理健康、学业指导、能力素质等,并将其有机融合到资助政策包中去。

三是进行分类实施,这是做好工作的关键。具体来说,我们要做好以下几个方面:

①以"受助学生信息档案数据库"为依据,按照"学校绿色成长计划"的规划,在尊重学生、理解学生和发展学生的理念指导下,因材施教地、有针对性地选择资助育人的方法。对于"三困学生"(即家庭经济困难学生、学业困难学生和心理健康困难学生),采用"一帮一"的帮扶计划,安排和鼓励他们到与学业(专业)有关的勤工俭学岗位,让优秀学生或专业老师对他们进行帮扶;对"思想困难"的学生,加强思想观念的教育,培养他们自立自强的品质;对"道德品质有偏差困难"的学生,鼓励他们积极参与志愿者服务和社会义工活动,促进他们的品德素质得到提升。

②对从事资助育人工作的人员(资助专干、辅导员、班主任等)加强方式方法的教育,使他们在开展资助工作时操作更具规范性,发挥出资助育人的功能。

二、形成全员推进的资助育人保障制度

当前,高校资助育人的主体是从事资助管理服务的工作者,通常指从事学生管理服务的资助专干、辅导员和班主任。目前,资助育人的主体表现出单一化的

特征，这种情况对资助育人功能的正常发挥非常不利。因此，我们要对现有的资助育人力量进行整合，建立一个全员推进资助育人的保障机制势在必行，也是落实"三全育人"的重要措施。

（一）加强资助育人校内队伍主体建设

1. 加强资助管理队伍的培训

高校资助管理工作的发展受到资助管理队伍水平的限制，培养专业化的资助管理人员是当前高校面临的一项艰巨的任务。如今，部分高校的学生资助管理中心虽然安排了专职人员和兼职人员负责学生资助管理工作，但许多兼职人员并不具备"专业化"的要求，个人水平与服务意识参差不齐。因此，高校应从职业技能和职业素养两方面，注重对资助管理队伍的培训。

首先，要对资助管理队伍兼职人员进行政策培训，确保其对国家资助政策、学校资助制度有清晰的了解；其次，要对兼职人员进行个人业务能力培训，确保其对资助流程和程序都非常熟悉，能独立操作资助管理工作实施过程中的每个步骤，能快速分析和处理资助管理相关数据；再次，要对兼职人员进行个人能力提升训练，帮助其尽快适应资助管理工作，能够及时、妥善地处理紧急、突发状况；最后，要唤醒兼职人员的服务意识，帮助其认识资助管理工作的意义，培养其对学生资助管理工作的忠诚。

2. 建立科学合理的资助队伍考核体系

当前大多数高校资助管理队伍专业水平参差不齐，应为资助管理队伍配备严格的选拔制度。实行竞聘上岗，促使更多优秀的人才加入资助管理队伍，选拔时一方面注重法律、财务等专业知识的考察，另一方面不能忽视对服务意识的考察。在资助管理队伍投入工作后，高校应建立完善的考核制度，激发资助队伍的工作热情，营造积极的工作氛围。一个科学合理的考核制度，应该包括对资助队伍工作人员的工作态度、工作能力、工作绩效等方面的综合评定。一个良好的考核制度可以督促资助队伍工作人员不断进行自我调节，评估自己的工作效果。

同时，高校应完善资助管理队伍激励机制，针对资助管理队伍年轻化的特点，引导其多做课题科研，并充分考虑资助管理队伍的工资待遇、职称评聘等现实问题，构建一套行之有效的升职体系，以提高其工作的积极性和主动性，尽量将专业素养较高的资助人员留下来。严格的选拔、严谨的考核制度和必要的激励措施，不仅有利于提高资助队伍的整体素质，也有利于资助工作的顺利开展、有利于高校资助管理水平的提升。

3.建立勤工俭学岗位导师制

要建立勤工俭学岗位导师制，深化资助育人校内队伍主体建设与发展。进一步发挥学校优秀教师和学生干部的在资助育人中的作用，改善学校资助育人工作主体单一化的局面。通过开展"一帮一"帮扶计划等活动，对学生的思想道德、心理健康、学业成绩、能力素质等各个方面进行帮助和引导。

"一帮一"帮扶计划活动，在形式上由优秀老师和学生干部或党员和党支部对口帮助一个家庭经济困难学生；在内容上要将经济帮困、心理疏导、学业指导融为一体，由资助者对帮助内容进行选择；在实现途径上要建立资助学生的个人成长档案信息，动态掌握其成长进步情况。通过实施"一帮一"帮扶计划，不断加强资助者的发展短板，促进学生的全面发展。

（二）加强资助育人校外企业主体建设

要创新与企业的合作方式，深化资助育人校外企业主体建设与发展。一方面，通过校外勤工俭学和实践的方式，加强对勤工俭学学生的培养和教育；另一方面，创新校企合作方式，加强建设，拓宽资助育人校外企业主体的面。

有一种校企合作育人模式值得借鉴，其具体内容是家庭经济困难学生与资助企业提前签订一个协议，学生在校时的学费和生活费由企业无偿提供，学生假期和毕业后到企业工作一定期限。这种方式具有一定的优势，可以实现学生与企业的双赢：对学生来讲既可以顺利完成学业与就业，在实践中锻炼能力，提升素质；对企业来说，可以通过合作获得稳定的、专业对口的人才，实现效益的最大化。

（三）加强资助育人的社会主体建设

要发展与社区服务的合作计划，深化资助育人的社会主体建设与发展。社区服务从本质上也是勤工俭学方式，只是它是校外勤工俭学的一种特殊模式。它是指家庭经济困难学生到与学校有合作关系的社区开展志愿服务活动获得报酬的一种资助方式，包括以下几个方面：

一是对服务时间与报酬进行规定：学生每年到社区志愿服务的时间不得少于1700个小时，最多不超过3400小时，个人最多获得两份工作，服务时间由学生进行自主选择。

二是对志愿服务内容进行规定：具体有综合管理和技术服务两大类，涉及社区教育、卫生保健、环境与安全等几个方面，开展志愿服务的贫困学生根据个人兴趣与所学专业进行选择，实现学生素质的全方位提升。

三是对支付报酬方式进行规定：由学校与社区商量支付方式，共同支付。

社区服务方案的开展，既可以帮助学生解决一定程度上的经济困难，也可以促进学生养成自强的品质，培养他们的责任意识。

三、形成全程推进的资助育人监督机制

为进一步规范资助育人工作运行过程，保障资助工作的公开、公正、公平，实现资助育人工作的可持续发展，必须设立监督机制。在高校家庭经济困难学生资助育人领域中，近年来出现了不少问题，比如资助者片面权利化、资助行为简单化等，这些都与资助育人监督机制的不健全有直接关系。要想解决上述问题，必须对资助运行监督机制做进一步的完善。

事前监督是预防资助育人失范现象的需要。进一步建立健全监督制度，为处理资助育人过程中的失范现象提供法律准绳；加强对家庭经济困难学生认定过程的监督，为资助育人工作的有效开展提供法治保障。

事中监督是理顺资助育人失范现象的需要。做好家庭经济困难学生资助育人工作是事中监督的主要监督环节。对家庭经济困难学生资助工作的审查公示要进一步加强，学生的资助申请要进行科学、严肃的审查，申请通过后要在全校范围内进行一定期限的公示。通过建立班级监督小组，利用好班级学生监督的力量，班级监督小组要深入资助评议各程序，保证资助审批结果具有客观性、公正性，防止出现资助者片面权利化、资助行为简单化等现象。

事后监督是持续深入做好资助育人工作的需要。具体包括：对受资助者的监督内容是对生活消费情况、个人信用状况进行监督；对资助育人主体行为的监督内容有是否采取育人措施深化学生理解以及资助后的育人工作情况。追踪敦促法是事后监督采用的主要方法。

四、形成全方位推进的资助育人评价制度

学生的全面发展是高校家庭经济困难学生资助育人工作的出发点和落脚点。以往的资育人助工作仅限于从解决学生的经济困难角度去开展工作，但随着时代的发展，这种方式已经不能适应资助工作的需求，应该构建促进学生全面成长成才的资助体系。因而，应该立足于学生全面成长、成才的角度对资助工作的有效性进行判定。

（一）要明确评价的原则

在评价资助育人的效果时，"两个统一"的原则要遵循，即内部评价与外部评价统一、结果与过程统一。所谓内部评价与外部评价统一的原则就是要求评价的主体不仅应包括资助活动的参与方（学生和老师），还包括监督方（其他的学生和老师）等。所谓结果与过程统一的原则是指对资助育人效果评价时，是否体现了过程育人的原则和结果育人的目标。

（二）要确定评价的指标

要保证学生正确认识自己，首先要确立起科学、合理的评价指标，评价指标的建立能够帮助资助工作者正确看待所开展的资助工作。高校学生的四大评价指标分别是学生的思想道德素质、学业素质、心理素质、综合素质，在学生受助过程中，对这四个方面进行考察。通过对学生参与志愿服务情况、参与勤工俭学的情况对其思想道德素质指标进行衡量；通过与同学、老师等相处状况对心理素质进行衡量。

（三）要明确评价的手段

高校为实现评价结果的客观、公正，通过采用内部评价与外部评价相结合的方法来实现。内部评价是指由受助学生以及资助育人主体对资助效果做出自我评价；外部评价则是指由不直接参与资助活动的其他教师和学生对资助效果做出评价，也可以由校外合作单位对效果作出评价。通过匿名的方式进行评价，可以保证评价的客观性和真实性。

这里所列的资助评价方式还存在许多不健全的地方，需要在今后的工作中进一步完善，从而充分发挥资助评价对资助育人工作的作用，使资助育人目的得以实现。

第二节　高校资助育人的组织保障

一、健全各级资助育人组织建设

经过多年的努力，我国高校资助育人工作建立起强而有力的组织保障。在全国学生资助管理中心和教育部的指导下，相关的组织建设不断完善，高校资助育人主要开展以下三方面的工作：一是组织统筹协调全国学生资助工作；二是积极开展国家助学贷款的发放、使用和回收；三是审核高等教育年度资助贷款计划，管理财政拨付的贷款贴息经费和风险补偿专项经费。

各级政府主管教育部门按照有关文件的要求，在国务院的指导下，成立学生资助育人工作领导小组。同时，各级政府主管教育部门积极改善各级学生资助管理机构的办公条件，加大资助育人业务经费的投入，制定学生资助工作的管理办法和实施条例，专人专职管理高校资助育人工作，并按上级部门的要求加强资助工作的业务培训。

二、完善高校资助管理组织机构

高校资助管理机构的完善为高校资助育人工作提供了至关重要的组织保障，有利于资助育人事业专业化发展。有学者认为，完善高校资助管理机构，首先需要形成一套与我国国情相配套的组织设计理论，将学习型组织理论作为高校资助管理组织机构的设计理论，并将其加以实践与应用。其次需要明确相关机构的工作职责，加强其信息化建设。

（一）建立学习型资助管理机构

1. 学习型组织理论介绍

学习型组织设计是当今世界最前沿的管理学理论基础之一，是现代组织设计理论。所谓学习型组织，是指组织中的所有员工和管理者拥有共同的愿景，更像一个协作团队，能够全身心投入到组织工作中，并不断对工作方法和内容进行学习、创新、改革。

（1）学习型组织的五个要素

①建立组织文化，使团队在核心价值观中得到凝聚，更好地合作与奉献；②注重团队整体学习力，包括学习能力、动力和毅力，通过团队学习，整体进步；③提升情商，扬长避短，提高创新意识和创新能力；④超越与升华，提高专业技能，研究专业领域，对自身有职业规划；⑤培养全局意识，探索事情的本质。

（2）学习型组织的特点

①适合团队合作方式，因此更倾向于将部门按照项目流程来划分，而不适合横向分工；②注重创新与学习，需要组织定期组织培训，加强学习；③工作氛围缓和轻松，成员之间愿意协作与分享；④适应外部环境的能力强；⑤注重服务理念；⑥管理者不对员工进行命令，只对工作进行指导。

2.设计学习型资助管理机构的理念

学习型组织主要强调组织文化与愿景，各高校的资助组织机构应将"以学生为本"作为本校资助中心的宗旨，形成具有本校特色的资助文化和组织价值观。

在实际资助工作中，实行目标管理，即资助人员平时进行自我管理，以实现目标为重。因此，每个人、每个部门、科室的责任必须划分清楚，明确各自的目标与工作任务。

在高校资助中心的组织机构的构建过程中，资助人员应该注重持续学习，养成多学习、多探讨、多搞科研的良好习惯；在日常资助工作中，注重资助项目间的合作以及资助流程间的衔接，加强资助人员之间的信息共享；积极与校内其他部门和校外社会参与捐助者进行协调与沟通，加强高校与外部环境的联系；加强资助专业素质培训等。

学习型组织设计为我国高校实现高效能团队和开发、创新力强的结构提供了理论基础，有利于我国加快构建设学习型社会。

（二）明确资助管理机构工作职责

建立健全科学、规范的学习型资助管理机构是非常有必要的。它不仅可以明确各部门、各职员的职责，规范资助工作流程，还可以保障和监督资助资金的使用与发放，促进资助工作更加高效地完成。根据学生资助工作的具体内容和流程，可以将学生资助管理组织机构的工作职责进行明确划分，形成"一站式服务"，相应的工作人员以借调的方式形成不同的小组,协调分配工作,充分整合资源。

1. 资助身份认定小组

对学生的身份认定一直是资助工作的重要工作之一。资助身份认定小组需要设置一个负责人以及专职资助人员。资助身份认定小组主要负责以下工作:负责与学生生源地相关部门联系核实的工作,负责分配资助学生的指标以及相关工作,负责指标的最终确定、审核和公示工作,负责各种相关资助资料的上报、整理和存档工作,负责学生身份的资格复审工作。

2. 资助资金评审与管理小组

资助资金评审与管理小组主要处理和资助资金相关的资助工作。这个小组需要资助人员有一定的财务经验和相关的知识基础。主要负责以下工作:各院系资助资金数目审批工作,资助资金的管理、分配工作,资助资金的发放与后续跟进工作。

3. 监督小组

一个科学的机构在运行过程中需要有实时的监督,才能保障工作的切实有效。在资助组织管理机构中,同样需要建立监督科室对资助工作进行监管。监管小组主要负责:对学生认定、评选过程的监督工作,对资金分配、管理和发放的全程监督,对资助工作人员的工作进行量化、考核,监督政策研究室制定制度的全过程以及检验其可操作性,监督身份认定定期复审的过程。

4. 对外联络小组

对外联络小组主要为了畅通本校与校外的联系、沟通渠道。设置对外联络小组可以使校内和社会捐助者快速找到资助联络负责人。这一小组主要负责以下工作:与银行、企业和社会个人、团体进行沟通洽谈,促成资助项目和资金的支持;做学生与社会的沟通者、中间人,完成实习、勤工助学岗位和助学贷款等项目的协议签订等相关工作;实时将学生相关信息变动反馈给社会捐助参与者。

5. 政策研究小组

政策研究小组设置的目的在于,将本校的学生资助工作制度化、规范化,形成科学、系统的资助系统。这个小组的主要成员需要具备法律基础知识,也可以在制度制定过程中借调相关专家。这一小组的主要职责有:对政府相关部门资助政策文件进行解读、传达与宣传;对本校的资助管理制度进行完善与更新,保障资助工作更好地落实；制定与资助工作相配套的考核考勤制度；制定勤工助学岗位等与校外联系的协议具体内容等。

（三）加强资助管理机构信息化建设

我国高校应加强高校资助管理信息化建设，建立完善的网络资助平台与管理系统，利用现代科技保障资助工作高效完成。

1.完善"全国学生资助管理中心"网络平台

政府相关部门与专业人员（第三方）合作，设计统一、先进的学生资助网络平台，为高校提供网络平台的依据与框架。政府相关部门主要负责对政策文件的及时传达和资助总方针、方向的引导以及对资助事业的宣传等。同时，加强对弱势学校、偏远地区的硬件配备投入，平衡学校间、地区间的资源配备差异。

2.各高校完善自身的资助网络平台

（1）打造个性化网络资助平台

各高校在政府设计学生资助网络平台的基础上，根据自身的特点，结合自身需求，设计与本校实际紧密结合的个性化的资助网站。设计网站时，需要注意以下几点：网站提供资助咨询、指导方式；公开资助人员的联系方式和办公地点；定期发布关于资助政策、资助活动和先进事迹的公告；畅通捐助渠道，标明校外向本校资助的联络方式等。

（2）构建网络资助信息安全平台

高校应设置相应预防和保护措施，防止学生个人资料轻易泄露，为学生保护隐私。另外，应保证每个学生和每个资助管理人员都有相应的ID账号，避免在信息筛选和评定过程中出现重复数据和虚假数据。

（3）与政府资助网络平台进行链接

各高校的资助网络平台负责对受助学生信息的初步收集和身份评定，并将相关数据上传给政府资助网络平台；政府资助网络平台则负责对资助数据和信息的备案以及对学生资助信息的定期抽查和复审，从而起到一定的监督作用。另外，政府相关部门通过政府资助网络平台将资助政策和相关文件发送给各高校资助网络平台，做好发布、咨询和指导工作。

3.配备专门人员

各高校配备专门工作人员对本高校的网络平台进行定期的维护与系统更新、

升级，并在更新和升级之后，及时培训资助管理人员使用方法，最大限度地发挥网络与设备的优势。

第三节 高校资助育人的管理保障

一、健全资助管理部门治理机制

（一）细化资助部门责任

细化高校学生资助管理部门职责，使工作人员有据可循，有利于资助管理工作的开展。尤其是对于资助部门的职能，应该明确规定，定期进行资助政策宣传，并确立部门的协调沟通职能。

在资助过程中，相关资助管理部门应该与学校各机构和学生个人之间建立分工合作的关系。比如开学初的"绿色通道"需要资助部门与财务处提前沟通，保障学生顺利入学；建立与教务处的联系，时刻关注学生的学习动态，便于对资助学生进行成绩审查；与学校后勤或者社会其他单位联系，为学生提供勤工助学的岗位；经常与社会团体或个人建立业务来往，深挖资助资源和拓宽资助途径。与此同时，履行好上传下达的职能，保证学生资助管理机制的高效运转。

（二）完善资助备案机制

高校的资助管理部门应该完善资助备案机制，侧重对学生每年的经济情况、学习成绩、在校表现和实际获取资助情况的指标进行备案，用发展辩证的眼光进行资助管理。

因为资助资源缺乏，无法保证每个学生都得到资助，通过备案机制，能有效了解到学生之前获取了多少资助，有利于平衡学生获取资助的数量，从资助金额上实现资助的公平化。而且，综合考量学生成绩、表现的变化，也容易看到学生的进步，看准时机对学生进行资助鼓励，会进一步激励学生学习热情。

相关管理人员也可以采用资助备案将学生不同时期的情况进行对比，分析出学生经济能力的走向，了解学生真正的需求程度，使资助管理更加清晰化；备案机制也方便高校对资助金额和资助名额做出合理的调整，争取资助效益最大化，对实现高校大学四年对需求学生进行全覆盖资助的目标也具有积极作用。

二、建立精准扶贫的资助管理模式

精准教育扶贫让贫困地区的孩子掌握知识、改变命运，这是最有效也是最直接的资助管理模式。高校学生资助体系是高等学校教育中重要的一环，因此，各级政府必须发挥自身主导作用，加大对高等学校教育的财政投入，将资助金精准落实到位，同时还要鼓励社会企业和个人为大学生提供资助金，增强社会资助力量。高校要关注建档立卡学生，加强资助数据精准性，确保受助学生的信息准确，精准资助，把国家的每一分投入都一分不差地交到符合条件、真正需要资助的学生手中。

（一）构建多形式全方位立体资助模式

1. 巩固政府在开展学生资助工作中的主导地位

发展高等学校教育，实现教育公平，就必须构建以政府为主导的多形式、全方位的立体资助模式。政府要不断完善高等教育学生资助管理机制，对高等学校教育的发展加大财政投入，增大对高校的资助金投入，进一步促进学校的办学积极性。有了政府的后勤物质保障，学校也能够得到更好的发展。

国家资助政策是随着社会经济的发展，不断地更新和完善的，这不是一个固定不变的过程，而是一个持续更新与时俱进的过程。国家需要持续不断地对高等教育的发展补充资助经费的来源。各级政府财政专项下拨依旧是目前资助经费的主要来源，但由于现在的社会经济发展迅猛，相比之下政府对于教育的财政投入就明显不足，于是各级地方政府需要科学设置教育经费的投入比例，考虑各地实际情况，鼓励高校主动拓宽教育经费的来源渠道，比如可以与企业进行校企合作，通过学校自身的软硬件建设来吸引有社会责任感、有爱心主旨的经济效益高的大型企业来参加对家庭经济困难学生的资助活动，从而去构建以政府为资助主体，高校自主拓宽资助金来源的模式，以此来推动学生资助工作的顺利开展。

2. 鼓励高校树立自给自足自主创收的办学理念

高校应当树立自主创收自给自足的办学理念。因为高校只有主动积极地去开拓创收渠道，才能更好地建设学校，提高学校的办学经费收入，提升学校的软硬件建设，最终来吸引更多的学生报读。

学校应当发挥特有的专业优势，从单一的学历教育转为多元化的办学模式，利用校企合作，吸引更多的大型企业进行教育投资，最终促进学校的发展。对于高校而言，只有自主创收能力上去了、创收资金到位了，才能够更好地保障学校的运转以及学校学生资助管理工作的顺利开展。只有学会结合学校本身的实际情况，才能更好地去设计符合本校学生的资助方案，去保障学生的基本资助。学校还应当发挥学生的主观能动性，帮助学生提升自身的综合素质能力和劳动技能，鼓励学生在学校推行的工学结合和工学交替的校企合作里去获取一定的收入，自力更生，解决自身的一部分经济问题。让学生慢慢从"国家资助""学校资助""社会资助"向学生的"自我资助"去过渡，这才是当今高等学校教育最终要实现的目标。

（二）整合社会资源，增强社会资助力量

目前，我国大学生资助教育经费主要来源于国家财政对于教育的经费投入。政府依旧处于学生资助的主导地位，但由于现如今财政教育经费投入有限，高校应该结合自身实际，吸引更多的企业和个人来补充学生的资助资金，与时俱进，不断完善和健全国家学生资助体系。

第一，鼓励社会各界提供资助资金，解决学生资助资金来源单一的问题。目前，我国的高校教育已经进入到国家教育经费投入，是属于公共财政保障的范畴。因此，各级地方政府要适应社会发展潮流，抓住大好机会，及时出台鼓励社会各界积极投入资源到高校教育发展的利好政策，引导、推动社会集资捐助优先考虑投入高校教育，重点投入对高等院校家庭经济困难学生的资金资助，再通过发展校企合作、工学交替、订单班等一系列措施，来提高社会各界参与学校帮扶助学的积极性。

第二，动员社会各界的慈善组织加入高校资助队伍。首先，学校层面，高校应该积极发挥主观能动性，自主创收，通过提升自身软硬件实力来吸引更多的企业合作，逐渐提高学校在社会上的知名度，主动抛出橄榄枝，吸引更多的社会慈善机构，让他们愿意主动对高校进行慈善基金的投资。其次，政府层面，各级地方政府应该充分发挥桥梁作用，给企业、社会上的慈善爱心组织和高校之间提供平台，政府在中间负责拉线联系，进一步促进双方的合作。这样做既可以为高校办学经费拓宽资助渠道，又弥补了政府自身教育财政投入的不足。

三、建立健全学生资助管理各项监管机制

近年来，随着社会经济的迅猛发展，国家财政实力的不断增强，国家财政对教育经费财政投入逐年增加，大学生资助政策和相关制度也在不断完善。做好监管工作是切实推进学生资助管理工作的关键环节。要不断加强政府对高校的监督力度，社会各界也加入监督队伍，最主要的是学校要自觉自律，严格落实与执行国家和各级政府的资助政策，保证资助资金按时发放到每一位家庭经济困难的学生手上。

（一）推行方便灵活的学生资助管理模式

第一，理论联系实践，因地制宜地落实学生资助管理政策。高校在开展学生资助管理工作的过程中，在保障资助范围广泛化这个大前提下，根据学校自身的实际情况，适当调整资助方式和资助条件。比如可以把国家助学金和学生的学习成绩或者志愿服务义工时长相挂钩，还可以把助学金细分为两类，一类是基础性助学金，一类是奖励性助学金。奖励性助学金可以鼓励学生积极主动学习，通过自身努力来获取国家的资助，既有成就感，又调动了学生学习的主动性。不断地激励学生努力学习，让学生发挥自身的主观能动性，用实际行动和学业成绩去证明自己的综合能力，授人以鱼不如授人以渔，教会学生得到资助的办法，比学生被动地去接受资助的行为更有意义。

第二，简化国家资助金审批流程，提高学生资助工作效率。应对资助资金下拨不够及时不够到位的情况，应该优化学生资助管理工作的方式，比如可以简化政府内部相关资助部门之间的流程，在确保资助资金能够安全下拨到位的基础上，适当减少中间环节，简化流程和相关审批手续，从而提高学生资助工作的效率，进而达到资助育人的目的。

第三，跟上社会经济发展脚步，积极推进精准资助进一步完善。精准资助是近几年来国家资助政策进一步完善的表现。当然，精准资助这一模式，也对学校

开展学生资助管理工作提出了更为严格的要求。

精准资助要求各级地方政府以及高校认真做好家庭经济困难学生的精准认定工作，包括资助地区财政教育投入的精准以及学生资助数额的精准。积极推进精准资助工作的开展，设立校园建档立卡数据库，方便学校资助管理队伍准确快捷地了解资助学生的个人家庭情况，对受助学生进行有针对性的动态化跟踪调查，根据学生实际情况和所在地区的经济发展水平，做一个困难学生大数据调查，更多地向经济落后的地区倾斜。

第四，进一步完善学生资助服务信息系统，进行数据更新，对于已脱贫的学生进行后续跟踪，对于新发现的困难学生加以关注，尽最大努力做到让每个学生都不因经济原因而失学，这才是资助育人的意义。

第五，进一步完善学生资助工作的各项监管机制。为了切实保障每一笔助学金能够按时发放到每个家庭经济困难学生手上，高校一定要对国家资助资金做好严格的保管工作。

学校应该设立财务处专门管理资助资金管理人员，制定相关资助资金发放和监管制度，以确保学校的学生资助管理工作能够顺利进行，各级地方政府及相关资助部门应设立资助热线，随时接收广大人民群众对国家资助政策的咨询以及对国家资助资金的监督，学校的学生资助工作开展情况也应该定期向上级部门汇报，将学校开展学生资助工作的情况做成简报发布到学校官网，接受广大人民群众和社会的监督。

同时，上级部门还应当不定期对高校进行监督检查，对学生资助工作做得好的高校提出经验分享，给相关资助专员进行补助和全校表扬，对资助工作落实不到位，甚至出现偷工减料、机械式完成资助任务的学校或个人进行严肃批评并勒令整改，严重者可直接撤销该部门所有相关人员。

（二）严格监控管理，强化考核制度

开展学生资助管理工作，必须严格落实与执行国家资助政策，我国目前的资助政策具有广泛性、普及性和公平性，国家对高校家庭经济困难学生的资助范围和资助比例也随着社会经济的发展在不断地扩大，高校除了落实与执行国家免学费政策、国家关于高校助学金政策之外，还严格贯彻让每个学生不因家庭经济困难而失学的原则，切实做好物质资助任务，最终实现资助育人的目的。如何切实保障资助资金的审批发放流程更加合理规范，严格监控管理、强化考核制度、落实责任制是关键。

1. 做好严格的监控管理工作

各级地方政府应当对高校做好严格的监控工作，做好高校学生学籍变动的管理，加强上下级的信息沟通，动态监测大学生在校情况和增减异动情况。高校必须严格按照有关规定，对在校学生注册工作采用在系统上进行电子注册报到的方式，务必使学生的个人信息真实准确。

2. 制定相关的资助考核细则

目前，各级政府出台对高校的相关考核制度十分必要。因为只有对学校有所要求、有所监督、有所考核，才能确保高校时刻保持清醒头脑，严格落实与执行各项资助政策，而且要加强对高校资助政策执行情况的定期或不定期监督检查。

另外，各级政府以及有关部门必须加大力度监督和检查资助资金补助情况是否足额到位，确保资助专项教育经费按时下发，从而保障高等教育事业的顺利发展。高校要理论联系实际，实事求是，与时俱进，对家庭经济困难学生进行动态化的跟踪管理。

高校根据实际情况制定相关资助考核细则，比如新生一入学就召开相关资助主题班会，学生和学校签订相关资助协议，协议的作用主要是保障学生的权利与学生应该履行的义务。受助学生得到了经济资助，得到了接受教育的宝贵机会，因此，学生应该珍惜这个来自国家和社会的资助机会，努力学习，艰苦奋斗，积极发挥主观能动性，不断提高自身的整体素质。受助学生要常怀感恩之心，不得随意退学，不得随意放弃学业，应当努力学习知识和相关技术，争取毕业后做一个对社会有用的人。高校还可以利用大学生资助服务信息系统，记录学生在校期间的情况，包括他们的诚信档案、学习成绩等。学校严格按照上级要求，制定适合学校的相关资助考核办法，来约束学生的行为，学生的个人诚信直接与资助力度相挂钩。

四、建立资助对象精准认定管理机制

（一）推广信息数据监测

当今是网络信息时代，是大数据畅游的时代，可以说，很多信息都需要经过网络处理，人们完全可以足不出户知天下。在高校资助育人的管理中，对资助对象进行资格认定一直是最烦琐的工作。对资助管理的人员来说，很难掌握学生及其家庭的经济信息，这就给认定工作带来了很大困难。因此，面对复杂的资助群体和资助环境，为减少人力物力的大量投入，利用网络数据对资助对象进行信息监控无疑是新时代的革新手段。

据调查了解，一些高校为了方便对学生的管理，设有"学生一卡通"制度，学生将钱充入自己的"一卡通"账户，在校期间的花费全部通过一卡通支付来实现，各高校在不泄露学生隐私的情况下，可以对申请资助的学生进行一卡通数据监测，通过学生一卡通的花销情况判断学生的经济情况。

"一卡通"数据监测只是整个监测体系的一个环节，因此不能单纯凭借一个信息就判定学生的情况。现今是数据时代，很少有人用现金消费，高校学生更是如此，基本都是靠手机支付。鉴于此，相关资助部门可以对学生名下的银行卡实施数据监测，通过收入和支出的对比，为学生经济情况的判断提供依据。

由于信息时代的飞速发展，网上购物也成了当下学生群体"逛街"的主要方式。因此，在数据监测方面，可以依托快递公司的数据，通过统计学生快递信息，来作为评判学生经济能力的参考。

利用当下高效、便捷的数据监控，建立学生资助管理中一卡通、银行卡、快递信息、"三位一体"的数据监测网络模式，对体现学生经济能力的多个数据进行搜集整理和分析考量，可以为高校学生资助对象认定管理带来事半功倍的效果，提高资助对象认定的精确度，有效减少资助资源的浪费。

（二）建立资助认定征信系统

征信是近几年兴起的一种通过记录公众的信用行为，来防范信用风险，为交易创造安全条件的机制。公众的信用行为会影响个人未来的经济活动。我国2012年出台的《征信业务管理条例（草案）》开创了征信时代，建立了"守信者受益，失信者受惩"的社会环境。应该说，我国征信从无到有，逐步发展到今天，其作用日益显现。

在高校，建立资助认定征信系统能有效减少失信情况的发生，限制学生的作假行为，不仅保障了学生的整体权益，而且保障了国家资助的效益。对于弄虚作假的学生，取消其申请资格，并纳入国家整体征信系统，直接影响学生未来的各种活动。相信征信系统的建立势必会让学生有所忌惮，也会极大提高资助的公平性，为高校学生资助育人管理营造一个良好稳定的环境。

（三）加强资助对象的资格审查

对资助对象资格审查的效果决定着资助是否公平。由于对经济情况弄虚作假的学生占据着一部分资助的名额，导致一些真正需要资助的学生没有资源，降低了资助的效率。所以，在高校学生资助管理理中应加强学生资格审查的力度。

第一，加大奖学金资格的审查力度，确保申请的学生，在学习、生活、德行上都是佼佼者，从而提高获取奖学金的学生素质，也提高国家资助质量，追求资助育人的同时给优秀的学生提供更好的条件，为党和国家培育质量更高的人才。同时，也是通过奖学金设立榜样，鼓励更多的学生全面发展。

第二，加大助学金资格的审查力度，确保申请的学生都是经济能力弱但积极上进的学生。其实，在相关的访谈调研中，有的老师在谈到助学金整改时，一直在纠结助学金的筛查，是否应该剥离掉玩物丧志的贫困生，但大部分人出于对国家资源利用率的角度考虑，普遍认为资助资源很珍贵，应该将有限资源进行有效分配。所谓有效分配就是所分配的资源是要发挥正面效用的，分配给不思上进的贫困生，会造成资源的极大浪费。因此，高校资助管理应该结合学生的经济能力和表现情况，有针对性地进行资助，加大学生资格审查力度，力争减少资助资源的浪费。

第三，加大助学贷款的学生审查力度。按照惯性思维，办理助学贷款的学生，一定是家庭经济差的学生。但事实并非如此，很多家庭的观念是，不放弃任何一种利益行为。因为贷款是无利息的，很多家庭经济能力不差的学生也会浑水摸鱼。因此，应该加大助学贷款学生的审查力度，确保学生是真贫困，确保资助资源被用在真正需要的学生身上。

五、队伍与系统建设提升管理服务效能

（一）培养专业化资助队伍

政府对教育资助投入人、财、物的程度，直接影响学生资助管理工作开展的

效果。作为重要环节的资助工作队伍建设直接影响资助的实际质量和效益。因此，重视队伍建设、优化资助管理组织运行势在必行。各级政府及高校应当不断完善资助队伍建设，培养一支专业、高效、尽责的资助队伍。信息化的今天对资助工作者的要求从"重复操作工"上升为"信息处理工"。扎实做好学生资助工作必须推进资助管理的信息化建设，其中的关键则是培养高水平的资助管理队伍。

一是要加强领导，按要求配足资助管理人员。领导对资助的高度重视，是保证此项工作顺利开展的重要保障和向上发展的不竭动力。可以说，学生资助关系到家庭困难学生接受教育的机会，关系到学校、家庭和社会的安定，关系到教育事业的可持续发展。解决资助人员紧缺问题，努力建设一支专兼职并存、结构合理的队伍；针对基础设施薄弱问题，可积极向上级部门申请专项资金补助，切实将资助工作当作头等大事。

二是要合理选拔培养，确保资助人才队伍专业化。从各级学生资助管理部门来看，队伍专业化是适应资助管理工作新形势的必然要求。学校资助队伍的职业化建设是工作顺利开展的保障，其中人才素质起关键性的作用。资助队伍担负着政策宣传、资助评定、育人辅导的重任，是资助管理工作赖以开展的关键力量。因此要强化源头管理，把严招聘关口，提高选拔标准，层层考核。将符合学历标准、专业要求、信息处理能力、宣传能力等指标要求的人才纳入教育资助管理队伍中来。在对资助队伍培养、提拔和使用过程中，要把关注点放到那些政治素养高、业务精干、创新意识强、责任心强、吃苦耐劳的人才上。资助管理部门要关心他们的成长，提升他们的业务素养，尤其重视对人才的梯队培养。同时，完善的规章制度是资助队伍高效运转的必要条件，这些规章制度不是用来约束成员行为的，而是应当为整个资助队伍的发展指明方向。

三是要注重培训，提升专业素养和道德素质。学生教育资助管理工作面临着升级拓展的前景，逐渐向专业化过渡，这对工作人员的素养提出了更高要求。针对资助工作人员的业务知识欠缺、创新意识差的现状，必须加强业务理论学习，积极参加业务培训，及时掌握最新资助业务知识。资助工作者必须熟悉国家的各项资助帮扶政策，并熟知校内的资助制度和评选流程，才能在实际工作中得心应手。同时，需要积累必要的计算机操作技能、管理协调技能、心理疏导技能，才能妥善处理资助过程中的矛盾，将物质发放和精神教育统筹推进。资助工作者都是多面小能手，资助队伍也承担着宣传的重任，可通过学习交流、政策研究等方式不断提高政策解读能力，传播好"学生资助"的强音，从而建立一支优秀的资助宣传队伍。可通过举办经验分享会，邀请学校资助工作者就资助的经验和问题不断交流、相互学习来拓宽资助工作队伍的知识面，提高管理水平和业务素质。

四是要推进鼓励机制的建立健全，凝聚队伍的向心力。各级政府和学校要考虑在个人社会地位、配套后勤保障和奖励资金等方面给予从事资助工作的人员合适的待遇。学校拥有绩效自主支配权，可以根据实际情况在保证额度与比例合理的前提下，划分绩效档次标准，提高资助工作人员绩效金额。而各级政府和学校也要充分考虑学生资助工作人员的职称评聘和岗位晋级等问题，消除晋升顾虑，保证工作顺利开展。

五是要加强理论研究。资助管理工作是一门科学，我国对学生资助的相关工作仍然缺乏理论形态的研究。目前，学生资助工作还没有普遍形成稳定的研究队伍。条件允许的情况下可成立高校学生资助研究会，大力培植研究资助管理工作的土壤。要鼓励教师积极开展资助管理课题研究，在课题申报到后勤保障等方面给予大力支持。鼓励教师开展资助育人的实践调研，不断提高资助管理工作的精准性。

（二）优化管理系统性能

系统建设与人员队伍建设同样重要。要改变目前"资助管理信息系统"呆板、滞后的现状，全国及地方资助中心需要顶层设计，联合扶贫办等部门设立时间节点推进一般家庭经济困难学生的系统信息录入、联通工作，尽量做到人员录入全覆盖。为优化管理系统的操作，需要调试和删减部分学生的非关键信息，这样既减轻资助工作者的负担又保证了系统操作的效率。教育资助管理中心可以邀请计算机人员定期维护以提升资助管理系统性能，并对资助工作者进行管理系统的培训讲解，减少信息录入有误、重复、识别难等操作问题。

同时要发挥信息系统在贫困认定中的联动作用。政府各部门之间做好信息协调工作，及时更新学籍系统和资助管理信息系统，做好民政、教育等部门的信息实时共享。学校要及时对资助系统档案库内的名单进行核对，及时根据学生学籍变动情况做出迅速反应。在保证操作系统性能的基础上，可以定期抽查学生资助信息管理系统，并和实际的贫困资助认定名单、发放名单进行比对来提高资助管理信息系统的准确性。通过不断优化管理系统性能，发挥大数据的优越性，让资助管理工作更高效便捷。

六、优化资助育人管理工作环境

（一）拓宽社会资助来源

开拓新的资助途径，增加资助来源一直是高校资助管理者探索的方向。对于大多数高校的资助管理者来说，资助资源短缺一直是共性，学校除了国家下发的资助资源外，缺少其他赞助。因此，要拓宽社会资助来源，除了国家宏观调控改变高校学生资助比例外，还可以采取以下办法：

第一，招募一些有经济实力的科研组织或个人，以其名义在学校设立专项奖、助学金，学校通过科研和教育手段来提升这些人的知名度，而这些组织和个人为学生提供资助资金。

第二，以集团为依托，寻求有业务往来的企业或社团，以学生创业为目的与其建立联系，争取在从事商业经济活动中，谋取一定的资金用以本校的学生资助。

第三，招募校企合作单位，学校为企业提供一定的"智囊团"服务，比如根据专业为企业未来制定规划、设定改革方向等，而企业为高校提供一定的资金报酬，或者合适的勤工俭学实习岗位，用以减轻高校学生资助压力。

总之，需要各大高校以自身集团为依托去开拓社会资助来源，整个过程不能以盈利为目的，而是完全以资助学生为理念，这样才能真正地为学生谋取福利，改善资助资源不足的现状。

（二）增设企业委培机制

企业委培机制是参照研究生在职教育中的委培方式，不同的是，研究生是学校受企业委托对企业人员进行培训教育，而在高校，建立这样的制度是为了让学生通过企业的资助获得更好的学习条件。

企业委培机制建立的前提是有企业愿意这样合作，愿意用"发现"的眼光为公司提前"招募"人才，因此，对委培学生的素质要求就会特别高。企业是以营利为目的，那么它在高校招募的学生一定是当下或者未来能给企业带来收益的人。学校和相关企业可以在学生大二年级开始，通过审查学生在企业从事的专业领域中科研或者获奖情况，以此挑选委培学生。然后，企业与学生、企业与学校分别签订特别的委培合同，企业为学生免费提供学费以及生活上的一些资助，而学生需要在毕业后就职于企业。如果有半途而废的学生，也会像征信机制一样，对学生有严重的惩戒措施。

企业委培机制的建立很困难，毕竟需要学校和企业共同承担风险，但也不失为未来高校学生资助管理的又一创新方向，毕竟未来的竞争归根结底是人才的竞争，所有企业都希望赢在起跑线上。

（三）建立校友反哺机制

现今高校的发展，除了依托国家的有生力量和自身的科研实力外，校友也是各高校最为重视的资源，很多知名高校的校友，积极为母校捐资助学，因此，很多高校都成立有专门负责联络校友的部门。现阶段，高校应积极建立校友反哺机制，并将其用在学生资助上。

校友反哺机制是建立在"感恩教育"的，高校可以成立校友管理部门，主要负责长期联络各行各业的优秀校友，为校友搭建广泛的交流平台，定期召开校友会，找寻可以和校友合作的项目。长此以往，校友的资源就会助力学校的发展，当然也弥补了资助资源的短缺。这种校友反哺机制是为高校发展筹集资金，搭建人脉的有效手段之一。

校友反哺机制理应成为改善高校学生资助管理现状和推动建立长效、稳定资助管理体系的重要组成部分。高校将受资助的学生情况反馈给校友，提高校友的归属感，鼓励和吸引他们继续捐赠，并带动更多的组织和个人致力于高校学生资助事业。

（四）搭建全民助学平台

政府作为学生资助管理的重要推动者，需要搭建全民助学的平台，刺激全民捐资助学的积极性，鼓励中小企业和社会团体积极投身到社会公益中。政府不能一味地寻求财政资金的扶持，也需要拓宽资金来源，分担教育沉重的成本压力。资助管理部门不能闭门造车，而需要树立"走出去与引进来"的思想。通过宣传造势，让教育资助走出校园，通过积极联络企业，引进社会资本。

政府可以每年对捐资助学中表现突出的企业给予表彰，并实行税收优惠或者开辟绿色通道。对于优秀的慈善个人给予年度嘉奖，通过电视、微博、政府门户网站等宣传渠道，营造人人助教的氛围，扩大助学的覆盖面。对于捐资助学金额较大的企业，政府可搭建平台帮助联系专家提供其培训的机会来增强企业的竞争力。同时，为积极建立社会公益力量与贫困学生群体连接的桥梁，政府应推动成立公开透明的资助协会。通过资助协会来联系社会团体、慈善个人与家庭经济困难学生；通过专业化的公益运作做到每笔社会捐赠资金有账可查，从而增强捐赠者的信任。

（五）培育资助文化项目

激励全民助学，政府不仅需要提供捐赠平台，也需要打响资助项目的品牌效应。将社会资助看作是一项文化教育项目，通过品牌效应辐射带动更多的企业参与。让企业品牌与慈善意识相融合，带来信誉价值与企业收益提升的双赢。

政府要注重特色项目以及专项资助项目的培育，打造学生资助文化项目的品牌。以家庭经济困难学生为对象，选择合适的社会捐赠企业，完善企业资助项目的方案。通过丰富项目活动形式、创新资助内容，来打造规范高效的地方特色资助文化项目。以内容丰富、形式多样的资助项目样板，树立资助文化品牌，吸引更多的社会力量。同时需要加强对学生资助项目执行的管理，按照资助项目的目标，在满足捐赠方的合理要求下保证资助的形式，做到公开透明。

第七章　高校资助育人的发展策略

高校针对家庭经济困难的学生开展相应的资助和培养,是高等教育的一项重要政策。资助育人工作能够改善学生的生存困境,甚至改变学生的前途命运,让学生能够成为家庭发展的关键因素,有效促进社会的和谐发展。在高校日常管理工作中,如何有效地解决贫困学生受教育问题,是高校育人工作的关键。本章分为高校资助育人的发展趋势和高校资助育人的基本对策两部分。主要包括重视"资助育人"工作的人文关怀功能、重视"资助育人"工作的动态发展变化、推进高校资助育人工作的基本原则、高校资助育人的基本对策探讨等内容。

第一节　高校资助育人的发展趋势

一、高校资助育人工作侧重点改变

(一)重视资助育人工作的人文关怀功能[1]

如今,高校资助育人的总目标逐渐从单一的"扶困"向"扶智""扶志"转变,"资助育人"应构建物质帮助、道德浸润、能力拓展、精神激励有效融合的长效机制,进而形成"解困—育人—成才—回馈"的良性循环。

在具体实施的过程中虽有一定差异,但基本围绕长效机制开展。兰华等人认为,高校"资助育人"应以经济资助、心理疏导、诚信教育、感恩教育、励志教育、能力提升为主要内容。清华大学在实施的过程中,提出资助育人应以培育社会主义核心价值观、创新精神、实践能力、落实励志教育、诚信教育和社会责任感教育为重心。

---

[1] 张建勇,黄永青,张敏杰. 高校推进"资助育人"工作落实的三维路径与发展趋向 [J]. 哈尔滨学院学报,2022,43(05):114-117.

可见，各高校在落实资助育人工作过程中，不仅重视思考"资助育人"工作与高校教育本质的联系，而且逐渐倾向于从人文关怀的角度，思考如何切实提升资助育人质量的问题，多方面、多角度推进受资助学生的全面和谐发展。

（二）重视资助育人工作的动态性发展变化

高校资助育人工作是随社会与时代发展而产生的事物，各高校也在积极结合新时代的发展要求，不断进行改革和探索的尝试。首先，在关键性内容把握上，基本形成了资助育人价值取向、工作落实问题、特色实践路径的动态性认知和实践；其次，在满足时代发展需求上，积极尝试使用教育大数据技术解决认定、反馈等方面问题，保障精准性；最后，在面对新"境遇"上，各高校及时采取针对性措施，保障资助工作的开展。基于已有的经验和实践，未来高校资助育人工作的推进与落实，需要继续关注动态性的变化。在新技术的使用上，应对不同新的发展需求，探索更多适宜本校资助育人的工作策略。

（三）重视资助育人工作中利益相关者协同共建

高校在众多利益相关者协同的过程中起到关键性的桥梁和调节作用，且各高校也越来越重视与不同利益相关者的协同共建。例如，高校积极解读和执行政府资助育人政策，基于乡村经济振兴、区块链发展、革命文化及传统文化宣传等背景做好与地方的互动，从学生与家长角度出发关注学生的能力提升、求职就业等关键问题。但不管怎样，当下研究的重点主要集中在高校不断积极主动协同各方利益关系，对于地方、用人单位、家庭如何更好地深入到资助育人工作中来，如何发挥其效益的相关研究较少。未来在进行高校资助育人工作研究的过程中，可基于多元利益视角进行深入研究，如厘清不同利益相关者利益的权利与责任、存在的问题以及利益相关者如何相互作用、相互影响。

二、高校资助育人要素的转变

（一）资助对象由绝对贫困群体转向相对贫困群体[①]

精准扶贫时期，农村绝对贫困群体上学难是一个较突出且普遍的社会问题，

---

① 朱春花,周祥."后扶贫"时期地方高校资助育人转型研究[J].巢湖学院学报,2021,23(04)：158-164.

为帮助贫困家庭摆脱贫穷落后的生活状态，阻断贫困代际传递，2007年，我国以帮助贫困家庭学生顺利完成学业为宗旨的资助政策落地实施，特别是党的十九大以来，以习近平同志为核心的党中央把脱贫攻坚作为全面建成小康社会的最艰巨任务和最突出短板，对精准脱贫战略进行全面部署，建档立卡贫困家庭子女等绝对贫困群体成为高校资助工作的保障重点。"后扶贫"时期，随着"两不愁、三保障"扶贫目标的实现，绝对贫困群体的建档身份将逐渐消失，贫困的属性和贫困群体的特征将发生重大变化，相对贫困取代绝对贫困成为贫困的主要表现形式，老少病残、家庭遭遇突发灾害等相对贫困家庭的子女将成为高校资助对象的新主体。

（二）资助目标由满足保障性需求转向满足发展性需求[①]

精准扶贫时期，受社会生产力、自身条件等因素的影响，高校资助对象的需求停留在物质层面，表现为满足生存和学习所需要的各类经济支出，如学费、住宿费、生活费等，满足他们的基本生活需求，使其"有学上、上得起学"是精准扶贫时期地方高校资助育人的首要任务。在此情形下，高校普遍建立了以满足资助对象保障性需求为目的的资助体系，设置了"奖、勤、贷、补、减"等资助项目。以2019年为例，全国资助普通高校学生4817.59万人次，资助金额1316.89亿元，比2018年增长14.48%，高校资助呈现出经费投入多、资助面广的特点。

"后扶贫"时期，随着我国城乡居民生活水平不断提高，消费能力逐步增强，以及社会保障体系渐趋完善，因"家庭经济困难而失学"的现象基本不会发生。相对贫困群体对"贫困"的理解并不必然反映在绝对收入上，而是呈现为社会公共服务、能力素质等个人发展方面的"贫困"，他们期待更加优质的学习资源、更好的人际关系、更宽阔的上升通道，资助需求迎来层次的上升、领域的拓展，由"有学上、上得起学"发展为"上好学、就好业"等。因此，"后扶贫"时期高校资助育人转型必然要瞄准相对贫困群体的发展需求，紧贴他们对美好生活的向往实施开展。

[①] 朱春花，周祥."后扶贫"时期地方高校资助育人转型研究[J]. 巢湖学院学报，2021，23（04）：158-164.

(三)资助方式由外力驱动式转向内力激发式[①]

当前高校资助资金主要来源于财政拨款、学校自提和社会捐赠,资助资金提供者直接给予资助对象经济援助,且助学贷款、助学金、困难补助、学费减免等"无偿资助"在资金额度和资助面上所占的比重远高于勤工助学、奖学金等"有偿资助"。这种方式下,一方面资助对象一直扮演着被资助、等待资助的角色,能否获得资助取决于资助者对其家庭经济状况的界定,与个人努力并无关联,他们缺乏主动参与的动机;另一方面"无偿资助"虽然切实改善了资助对象的经济现状,但由于"无偿性""赠予性"的特征,获助者无法通过自强不息、艰苦奋斗的努力获得荣誉激励,从而激发其内心追求卓越、向上向善的成就感和荣誉感。因此,当前资助方式属于外力驱动型,即在强调外力推动的同时,缺乏对资助对象内生动力的激发机制,资助对象自我寻求脱贫与成长的主动性不够。

"后扶贫"时期,贫困治理进入"攻心"时代,重点在于矫正受资助群体中一定程度存在的"精神贫困",克服"穷人心态""贫困思维",扩展其认知"带宽"。因此,研究如何解决贫困人口的内生动力显得尤为重要。高校亟待探索建立能够激发资助对象内生动力,帮助其摆脱"精神贫困",促进其可持续发展的资助方式。

(四)资助管理由经验驱动转向数据驱动[②]

资助管理指的是资助主体借助计划、组织、领导、协调、控制等手段对资助资源进行分配,使其满足资助对象的需要,一般包括对象认定、资金分配、效果评价等环节。传统的资助管理属于经验驱动式,资助认定依赖评议小组的情感和直觉,资金分配往往根据决策者的个人经验,资助决策局限于对数据和信息的简单汇总,缺乏对象、需求、趋势等各方面的深入分析,效果评价也停留在对当前政策实施效果的反馈层面,动态性和长远性不足。

"后扶贫"时期,由于大数据治校及人工智能等技术极大地提升了高校资助管理的准确性、实时性和预测性,资助管理必然要从传统的经验驱动式发展为数据驱动式,即将大数据的理念、方法和技术应用于高校资助管理的全方位、全过

---

① 朱春花,周祥."后扶贫"时期地方高校资助育人转型研究[J].巢湖学院学报,2021,23(04):158-164.

② 同①.

程，增强资助对象识别的科学性和准确性，提高资助内容精细化、方案个性化和力度精确化水平，加强资助管理的动态性和统筹协调性。

三、高校资助育人的发展方向

（一）更加注重立德树人的理念引领

长期以来，我国高校学生资助工作不断完善奖、贷、助、补、勤、减、免的资助体系，着重解决家庭经济困难学生的解困问题，总体上实现了不让一个学生因为家庭经济困难而失学的目标。其间，关于资助工作的育人功能虽有所提及，但从整体上看，仍然缺乏明确清晰的目标引领与科学系统的理念遵循。党的十九大报告指出，"要全面贯彻党的教育方针，落实立德树人根本任务，发展素质教育，推进教育公平，培养德智体美全面发展的社会主义建设者和接班人。"高校学生资助工作作为教育的关键环节和重要点位，必须与教育工作的价值取向、目标方向同向同行，必须将立德树人理念融入资助工作始终。党的十九大以来，党和国家围绕发展型资助育人体系建设，不断强化立德树人的理念引领作用，聚焦资助工作的育人导向，积极推动立德树人贯穿资助工作任务要求、具体实践的全过程。党的二十大报告指出，培养什么人、怎样培养人、为谁培养人是教育的根本问题。育人的根本在于立德。全面贯彻党的教育方针，落实立德树人根本任务，培养德、智、体、美、劳全面发展的社会主义建设者和接班人。

1. 聚焦资助工作的育人导向

高校学生资助工作育人导向的凸显经历了一个由间接到直接的过程。自2007年国家新的资助体系建立以来，国家对家庭经济困难学生的资助力度不断加强，越来越多的家庭经济困难学生顺利完成了学业。这一过程中，党和国家虽然没有直接提出高校学生资助工作的育人导向，但资助工作却间接发挥着育人的功能。2009年2月，时任中共中央政治局委员、国务院副总理刘延东在《2007—2008学年度国家奖学金颁奖大会上的讲话》中指出，要进一步强化资助工作的"育人"功能，培养学生自立自强、艰苦奋斗的精神，树立为国分忧、回报社会的意识。这是在国家层面首次将"资助"与"育人"并举提出，标志着育人在资助工作中地位和作用的不断凸显。随后，党和国家进一步聚焦资助工作的育人导向，并以政策文件等形式引领资助工作不断向育人方向整体迈进。党的十八大报告明确提出，"提高家庭经济困难学生资助水平""让每个孩子都能成为有用之才"。2016年7月28日，在全国高校资助育人座谈会上，时任教育部党组副书记、副部长杜玉波也强调，资助育人就是要以扎实的资助工作为基础，培养家庭经济困难学生的科学精神、思想品德、实践能力和人文素养，引导青年学生树立正确的世界观、人生观和价值观，最终实现成长成才。2017年12月6日，教育部党组印发的《高校思想政治工作质量提升工程实施纲要》再次强调，"把扶困与扶智，扶困与扶志结合起来，着力培养家庭经济困难学生自立自强、诚实守信、知恩感恩、勇于担当的良好品质，形成'解困—育人—成才—回馈'的良性循环。"这就进一步将资助工作的育人导向明晰化、具体化。总之，资助工作始于资助，根在育人，育人是高校学生资助工作的出发点与落脚点。我国高校学生资助工作在立足公平精准的基础上，工作中的育人导向愈益明晰，育人功能不断彰显。这一明晰与彰显的过程既是立德树人理念不断融入高校资助的过程，更是立德树人理念引领作用不断强化的过程。

2. 明确立德树人的根本任务

党的十八大以来，高校学生资助工作的使命任务不断明晰，立德树人的方向引领愈发凸显。2017年2月24日，时任教育部党组副书记、副部长沈晓明在人民日报刊发的署名文章《加强学生资助助力攻坚脱贫》中指出，"资助是手段，目的在育人，要始终坚持立德树人，着力提升家庭经济困难学生的创新精神和实践能力，注重培养家庭经济困难学生的道德品质。"这是立德树人在资助工作中被首次正式提出，也为我国资助工作提供了方向指引。2018年，时任教育部部长陈宝生在《进一步加强学生资助工作》中再次提到，"立德树人是教育工作的根本任务，也是学生资助工作的根本任务""资助育人是立德树人工作的重要组成部分"。这就进一步廓清了立德树人在高校学生资助工作中的根本性地位。2019年，《人民日报》刊载的《中国学生资助70年》一文在总结中再次强调，"我国学生资助工作将不忘初心、牢记使命，坚持以人民为中心，紧紧围绕立德树人根本任务。"可见，立德树人是新时代高校学生资助工作的"初心"与"使命"，是高校学生资助工作最深层次的任务要求。高校学生资助工作要始终围绕贯彻落实这一根本任务，将"扶困"与"扶智"、"扶困"与"扶志"结合起来，在实现家庭经济困难学生解困的同时，更加注重家庭经济困难学生的人格养成、素质培育、精神追求，不断推动资助工作由"输血型"向"造血型"转变。

3. 推进立德树人融入资助工作全过程

立德树人理念的提出集中体现了我们党在实践基础上的理论创新，展现了以习近平同志为核心的党中央对我国教育规律认识的深化。高校必须始终坚持这一理念引领，并将之不断融入高校学生资助工作的全过程。2019年，时任教育部全国学生资助管理中心主任陈希原在全国学生资助工作会议上明确强调，要把立德树人根本任务融入学生资助工作全过程。将立德树人融入资助工作全过程实质上就是要坚持资助育人，努力实现家庭经济困难学生的成长成才。党的十九大以来，我国高校学生资助工作的一个突出特点就是不断凸显立德树人的统领作用，推进立德树人同资助工作的深度融合。这集中表现为在目标导向上，立德树人与高校资助育人是整体与部分、宏观与微观的逻辑关系；在任务要求上，立德树人作为高校学生资助工作的根本任务不断得以贯彻落实；在实际工作中，立德树人统领高校学生资助工作，是实现资助工作的价值遵循。当前，我国高校学生资助工作以立德树人为引领，将社会主义核心价值观贯穿始终，在"奖、贷、助、补、勤、减、免"等各个环节不断融入思想政治教育元素，既为家庭经济困难学生提供物质帮助，又给予其强有力的素质支持与价值引领，努力引导家庭经济困难学生立鸿鹄志，做奋斗者，进而为党和国家培养德、智、体、美、劳全面发展的社会主义建设者和接班人。

（二）更加注重精准资助的方法举措

精准资助是精准扶贫理念在高等教育领域的逻辑延展，是新时代发展型资助育人体系的有效支撑。展开来说，落实高校精准资助，就是要抓好识别、配置、育人等几个环节，以增强资助工作的精准性与针对性。

1. 注重精准识别

精准识别资助对象是高校学生资助工作的前提和基础。只有对象精准，高校才能围绕这一群体精准施策、靶向发力。2018年，时任教育部部长陈宝生在《进一步加强学生资助工作》一文中明确指出，要提升资助对象精准度，切实发挥资助育人功效。随着《教育部等六部门关于做好家庭经济困难学生认定工作的指导意见》(教财〔2018〕16号)、《教育部关于取消一批证明事项的通知》(教政法函〔2019〕12号)等文件的相继出台,新时代高校家庭经济困难学生认定方式发生了较为重大的变革。学生在申请资助时不再需要提交家庭贫困证明,而是改为递交书面承诺。换言之,高校资助认定工作不再需要申请人提交任何证明其家庭经济困难的"根据"。这一改革无疑加剧了新时代高校资助认定工作的难度,更使全面推进精准资助的必要性与紧迫性进一步凸显。为进一步提升资助对象认定的精准度,高校采取了以下措施:一方面利用大数据技术全面收集学生各方信息,建立定期整体更新、突发情况及时更新的动态管理机制;另一方面,建立科学的家庭经济困难学生测评模型,通过系统比对、调查走访、大数据分析、同学评议等多元化手段,确保家庭经济困难的学生认定工作又快又准。

2. 聚焦精准配置

精准配置是指高校根据一定标准将资源在受助学生群体间进行科学合理的分配。精准配置资源是精准资助的重要环节。长期以来,我国高校学生资助工作在资源分配方面存在一定的精准性不足的问题。这一方面表现为标准不精准,在资助工作中存在"一刀切"的倾向,对于不同区域、不同院系、不同专业学生的资助标准缺少精细化、差异化的制度设计;另一方面,则表现为发放时间不精准,未能契合学生需求的关键时间点。尤其在学生临时困难补助的发放方面,由于信息不对称、资金发放程序复杂烦琐等原因,资金发放往往存在一定的滞后性。党的十九大以来,我国高校学生资助工作不断更新观念、拓展思路,特别强调资助标准与资金发放的精准性问题:强调要充分考虑受助学生群体的差异性特征,依据受助学生群体"当地经济社会发展水平、城市居民最低生活保障标准,根据所在城市物价水平、学校收费水平、学生家庭经济能力等"综合因素确定资助标准,实行分类指导、分档资助;强调要关注资金发放节点与使用效益,在受助学生群体最需要的时刻发放、最紧迫的地方发力,不断增强资源配置的精准化程度。

3. 凸显精准育人

长期以来,我国个别高校学生资助工作存在着资助与育人"两张皮"的问题,由此导致部分家庭经济困难学生获得感不高、高校资助育人实效性不强等问题。党的十九大以来,党中央、国务院高度重视资助工作的育人功能发挥,强调要树立精准思维,推动精准育人。

一方面，高校围绕家庭经济困难的学生价值观塑造、道德品格养成、发展能力提升、精神状态培育等综合性问题展开帮扶，通过教育引导、实践体验、项目激励等多样化活动，建构协同联动、需求评估、监督考核等多元性体制机制，切实满足受助学生群体的多样化需求。

另一方面，坚持分类施策、因人制宜的原则，针对大学生不同的资助类型、不同的人生成长阶段、不同的需求层次，聚焦大学生不同的思想特点与人格特质，实施"一对一""点对点"的帮扶策略，推动育人形式由"大水漫灌"向"精准滴灌"的转变。

第二节 高校资助育人的基本对策

一、推进高校资助育人工作的基本原则[①]

（一）短期援助与长期关爱相统一

在实际的资助工作中，"集中性"与"规划性"两者相辅相成、缺一不可，如何推动两者有机融合、协同发力，是高校资助工作者面临的重要任务。

（二）全面兼顾与精准资助相统一

高校开展资助育人工作，既要凸显"全面"，又要注重"精准"。全面包含三个层面的"全"：一是资助要覆盖"全员"，高校要尽可能摸排公共事件中陷入困境的学生信息，力争做到资助政策覆盖到全体学生；二是资助要贯穿"全过程"，延伸到公共突发事件爆发、处置的整个过程中；三是资助要覆盖"全方位"，资助政策要覆盖到学生的方方面面，全方位提供援助。"精准"是高校资助工作取得实效的关键。

学生遭受的损失和遇到的困难因人而异，帮扶需求不尽相同，高校要精准摸排学生困难状况、精准评估困难等级以及精准开展资助帮扶，力争做到一人一策、精准匹配。

[①] 张国栋，蒋宁，张翠. 重大突发公共事件下高校资助育人工作的原则厘定与机制优化 [J]. 就业与保障，2022（03）：160-162.

（三）物质帮扶与精神鼓励相统一

长期的资助实践证明，针对困难学生的经济物质帮扶只是基础而不是唯一，而精神激励和情感陪伴同等重要。在重大公共突发事件下，高校学生受各方面负面因素的影响，再加上自身思想不成熟，容易产生情绪低落、精神萎靡、缺乏担当的现象，缺乏挑战困难、克服逆境的勇气和斗志。在给予物质帮扶的同时，高校要加强对学生的心灵关怀和精神慰藉，多措并举，激励学生奋发向上，陪伴学生共同渡过难关，真正实现资助中物质与精神相统一。

（四）扶危济困与立德树人相统一

2017 年 12 月，教育部发布《高校思想政治工作质量提升工程实施纲要》，首次将资助育人纳入"十大育人体系"，提出构建资助育人质量提升体系，这也进一步确定了资助的"育人职能"。传统的"输血式"帮扶模式已不能满足新时代高校资助育人工作需求，"造血式"的"发展性"资助模式才是当前高校资助育人的应有之义和发展之势。高校资助育人要兼具扶危济困与立德树人两大职能属性，既要解决学生的生活需求，又要关注学生的成长和发展，着力解决大学生的"经济"和"发展"双重困境，培养德、智、体、美、劳全面发展的社会主义可靠接班人和合格建设者。

二、高校资助育人的基本对策探讨

（一）创新资助育人方法[①]

1. 显性教育与隐性教育结合

高校资助育人工作需要坚持显性教育与隐性教育相结合的方法，这两个教育方式既相互独立，又相辅相成，发挥着不可替代的作用。显性教育是指以公开的形式有目的、有组织地对教育对象进行教育活动，其最大的特点就是目标明确。相对而言，隐性教育是通过隐性目的、无计划、间接的方式使教育对象在无意识中接受知识和教育。其最大的特点就是教育方式内隐性和教育作用的渗透性。在长期的教育实践中，我国的思想政治教育主要通过思政课自上而下对教育对象进

---

① 韦鸣. 我国高校资助育人研究 [D]. 南京：南京师范大学，2017：34-36.

行"填鸭式"灌输。如果一直都是这种说教式、灌输式的显性教育方式,可能会激发学生的排斥和逆反心理,适当地改用隐性教育往往能达到事半功倍、意想不到的奇效,例如,辅导员在课后可与学生进行简单的家庭情况、生活情况、学习情况上的交流,并通过与学生分享自己求学、就业时的情形,营造良好的、平等的沟通氛围,与受助者进行心灵与心灵的交流,让他们在没有任何压力的情况下说出自己的想法以及遇到的困难。然后辅导员可通过自己的事例,以"情"感人、以"情"动人,告诉学生坚持不懈、刻苦奋斗、敢为人先这些道理,通过这些隐秘的暗示最终达到"润物细无声"的效果。教育者应该善于把思想政治教育的内容与其他具体实践活动相结合,从平凡处对他们进行正确价值观的引导。总之,高校教育者应充分开辟高校德育新思路,深入挖掘显性和隐性教育的新途径,使其更加贴近大学生的实际。

2. 理论与实践相结合

高校资助育人应该坚持理论教育与实践教育相结合的方法。高校思想政治教育的主要渠道往往都是以思政理论课程为主、实践教育为辅。资助工作的育人功能的实现也需在课程与实践相结合。此外,在资助育人工作的过程中,需要教育者着重处理三方面的难题:一是处理好课堂理论教育与课后社会实践的关系,既要把资助育人的内容融入大学生思想政治理论课程中,让大学生逐步对资助工作由不了解到了解并熟知,又要结合学校以及学生的实际情况,围绕资助工作开展相应的教育实践活动以及社会实践活动。让大学生在理论和实践中真正提高思想政治和道德素质,坚定正确的信仰。二是处理好理论教育与解决实际困难之间的关系,在开展高校资助工作的过程中,应该要求教育者对教育对象采取理论教育的方式,帮助大学生对在道德观念、思维方式等意识形态领域中出现的复杂问题进行分析和判断,并注重理论联系实际,提升道德素养的同时注重解决大学生实际难题,切实解决大学生生活、学习、择业、情感等各方面的问题。让大学生在温暖的关怀中加深对资助政策的理解和支持。三是处理好提高学生认知水平和实践行动能力之间的关系,高校道德教育的最终目标是让学生成长起来,最终达到知和行的统一,如果教育对象知行脱节,只是空口说白话,只说不干,就会使得教育陷入一个"假大空"的说教,科学的资助育人方式是要求教育者在关注教育对象认知提高的同时,也要关注他们的实际践行能力。通过扩大勤工助学、社会实习基地的实践机会，促进大学生达到知行的统一。

3. 整体与个别相结合

高校资助育人应当坚持整体与个别相结合的方法。辩证唯物主义观点要求我们承认事物之间的差异。由于资助形式多样，资助对象的前期教育环境也大不相同，导致教育对象出现的问题以及需求均有差异。因此，在进行资助教育的过程中，既要着眼普遍性，也要兼顾特殊性。换句话说，在对教育对象进行整体教育的过程中，不能用一个标准去衡量学生，更不能用统一的目标去要求学生。在强调尊重大学生个性的发展的同时，要关注他们成长中的薄弱环节。既要发现大学生普遍的特长和不足，也要发现贫困大学生存在的优势和不足。资助育人的过程中，应该根据每个贫困生的不同的情况和心理特点，进行有针对性的指导和教育。例如，国家规定辅导员需要对学生进行每年一次的深入辅导，而这每年一次的交流可适当地进行按需分配，有些平时就与老师接触很多的同学的谈话时间可适当少些，以平时交流代替，而有些情况特殊的同学，就可进行多次的心理疏导，提高资助的育人的功能。这里值得一提的是，不能因为某一方面有所差异就看不到他的其他方面的优秀。也不能因为承认差异性就放弃整体性、全面性的要求。一定要整体把握、区别对待，从整体上达到全面、全方位发展的目标。因此，对于资助工作提出了更高的要求，资助在面向部分贫困生的同时，更要面向全体师生，使每个人得到全面的发展，使资助育人的目标得以真正实现。

4. 教育与自我教育相结合

高校资助育人工作应当坚持教育与自我教育相结合的方式。教育和自我教育作为高等教育的两种方式，既相互对立又相互统一。自我教育包括自我认识、自我体验以及自我控制的教育，是"大学生以主体的姿态能动地认识自己的思想、道德，并按照社会要求能动地改造着自己的思想、道德"。毫无疑问，受助者的思想觉悟的提升需要家庭、社会的教育，但是受助者思想政治的提高也是自身内部思想矛盾的结果。因此，高校经济困难大学生思想政治教育要想取得成果，必须坚持主导教育与自我教育的统一。我们应该根据受资助的大学生的实际状况，挖掘参与度高、互动性强的实践活动，促使教育对象更加正确地认识自己。资助工作者和资助对象均具有主体性，要充分发挥两者的积极性。将资助工作更多地与教育实践活动相联系，将资助理念、资助教育内容与思想政治课程相融合，提高资助工作的教育实效性。贫困大学生的自我教育是高等教育的重要一环。如果只有教育者一味的说教并不能达到绝佳的教育效果。苏霍姆林斯基曾言："真正的教育是自我教育，是实现自我管理的前提和基础；自我管理则是高水平的自我教育的成就和标志。"在资助育人的实践活动中，发挥大学生的主观能动性，自觉地进行自我认识、自我剖析、自我管理、自我改造。只有强化大学生的自我教育，才能深入挖掘他们的潜能和优势，才能使他们的认识不断朝着正确的方向发展。

（二）拓宽贫困生资助资金渠道[①]

众所周知，高等教育收费制度是伴随我国市场经济体制的到来而必然采取的手段，不仅促进了高等教育逐渐按照市场的要求来向前发展，而且使得高等教育的资源更多地通过市场手段进行配置。与此同时，市场经济必然会带来相应的负面影响，高校贫困生资助工作自然也会受其影响。

近年来，快速发展的高等教育给教育制度改革带来了新的活力，市场上资源的合理配置帮助了高等教育持续向前大踏步前进。董事会的投资和学生学费是高校的主要办学经费，政府除了用地、税收等方面有所优惠，并没有直接资金投入学校，社会、企业或个人也鲜有投资高校的，所以资金相当紧张。

近年来，高校发展迅速，学校与学校之间、地区与地区之间的竞争也愈加激烈，因此，高校要不断增强其综合竞争力，提升办学质量，加强校园环境建设，完善学校基础设施，不断改进教学设备，这些投入又无疑会导致高校学费不断增加，同比高出同类公办学校学费的2～3倍。在高校，解决好贫困生的学习、生活所需逐步成为高校资助育人工作的重点。

1. 构建贫困生资助政策环境

党的十九大以来，社会经济快速发展，国家对高素质、高技术高技能人才的需求增大，在这样的背景下，高等教育迅速壮大，院校数目增多，在校人数剧增，各高校的办学活力不断增强。但高等教育的发展知名度和社会认可度都相对较低，能够吸引的投资也相对较少，为保证高等教育不断向前发展，政府必须首当其冲，发挥主要作用。特别是高等教育，没有国家的资金投入和支持，仅靠董事会投资和学生学费收入，难以支持高质量的教学设备设施改善和学校环境建设。由此带

[①] 赵丽容. 眉山市民办高职院校贫困生资助问题与对策研究 [D]. 成都：电子科技大学，2021：56-59.

来的学费上涨，使得在校贫困生增多，因此，高校的贫困生资助更加需要政府加大扶持力度。首先从政策层面，给予高校快速发展的良好政策环境，加大各方贫困生资助的资金吸引，确保贫困生不因家庭经济困难而辍学。

目前，我国贫困生资助对应的法律文件仅有2007年国务院颁布的关于高校贫困学生资助政策体系的相关意见，加上一些由教育部、财政部、央行等出台的规范性文件，而高校贫困生资助最高层面的法律规定仅有1999年颁布的《高等教育法》，作为纲领性文件，其中对家庭经济困难学生减免学费、获取奖助学金、参加勤工助学进行了相关规定，这些规定偏重于宏观指导，而非具体规范。因此，高等教育特别是民办高等职业教育的发展，与完备的法律体系支撑是密不可分的。

以法律形式确定贫困生资助各方的权利义务问题，利用法律来约束或是激励各级政府、高校和社会力量积极投入到资助系统中，让资助行为有法可依，保证各项资助措施落实到位，实现教育公平，也追求高等教育，包括高等教育的可持续发展和社会和谐稳定。

2.吸引社会力量捐资助学

在整个高校贫困生资助工作中，社会资金的助学力度严重不够，吸引的社会资金严重不足。作为高等教育的受益方，社会各方面都理应分担高等教育的成本，加大对高等教育的投资。教育部原部长陈宝生对高等教育的发展非常关注，曾就其发展提出过明确的要求，第一点就是要持续不断地宣传高等教育在经济社会发展中的特殊地位，在培养多元化人才方面发挥的重要作用，要积极转变成才观念。全国上下要正视高等教育的地位，在吸引社会力量对高等教育捐资助学的过程中，宣传是第一位的。

要想彻底解决高校贫困生的资助问题，如果只想着通过政府出钱出力来解决问题是肯定不可能的，必须依靠市场以及社会力量的强力支持，将政府和社会资源结合起来，才是最好的办法。国家应出台相应的福利政策来鼓励社会资金进入高校，拓宽高校贫困生资助的资金渠道。想要达到这一效果，舆论宣传是一定不能忽视的。高校必须在提升学校影响力方面下功夫，想办法获取社会、企业和校友等个人力量对学校的支持。高校其实有这样的优势，近两年，政府大力招生引资，公司需要人才的进入，在就业方面，各学校可以试图与企业进行合作，以此引进企业的资金，提升高校贫困生资助的力度。同时，高校的优秀毕业生也是一大资源，通过校友会挖掘优秀毕业生的信息，鼓励优秀毕业生为母校作贡献，吸引优秀校友的专门资金，鼓励贫困学弟学妹自力更生、自主创业。这样的良性循环，使得高校的教育资源得到最大限度地使用，满足了企业和学校以及学生的需求，促进了企业和高校的良好发展。

3. 实行校企合作定向资助

2019年年初，国务院印发有关高等教育改革的相关方案，在方案中重新部署了产学结合、校企合作等工作。高等教育改革的大方向、大前提肯定是要更多地建立校企深度融合这样的合作模式，当然这也是高等教育大力发展的必然要求，对高校而言，校企深度融合是一大优势，也是必然所需。在人力资本投资理论和教育成本分担理论的影响下，各类主体均参与到高校贫困学生资助工作中，在高校，校企合作办学是当今高等院校的发展趋势。高等院校的办学是以企业对人才的需求为前提的，把高等教育人才培养融入企业价值链，为企业培养高端技能型专门人才。高校为企业培养所需人才，企业为学校提供相应的设备设施和资金支持，帮助学生精确掌握行业所需，资金的支持也可以帮助贫困学子毫无后顾之忧地进行专业学习，企业以此储备所需人才。同时，企业还可以订单式教学的模式与学校合作，可提前与贫困学生签订协议，以提前预支费用的形式实施资助，也可为企业减少后期的招聘和培训负担，还可以减少高校的部分开支，解决贫困生资助问题与学生就业问题。无论企业以助学贷款、勤工助学还是以助学金的形式对高校的优秀贫困学生进行资助，无疑都是国家政策支持的结果。

（三）构建高校精准资助工作机制

在大数据飞速发展的时代背景下，始终坚持以学生为主体，牢牢树立发展型资助理念，致力于学生成长成才。推动"智慧校园"建设，搭建大数据平台，依靠信息化管理做好学生资助工作，提高学生资助工作的精准度，有效落实高校各项资助政策，努力做到"精准化资助、信息化管理、全面化育人"，构建基于大数据平台的"1+3"高校学生精准资助工作机制，实现全方位的资助育人目标，是当今高校资助育人工作精准化的关键。

1. 树立成长发展型资助理念

资助育人工作以"育人"为最终目标，以大数据技术为工具，以资助为手段和途径，将以学生为中心作为资助工作的出发点和落脚点。高校构建精准资助工作机制应推进理念创新，始终以学生的成长成才为核心，系统谋划资助育人工作，从原来以保障性资助为主向发展型资助转变，充分利用大数据技术在扶贫、扶智、扶志方面的作用，实现物质帮扶、能力提升、精神激励的有机融合。精准认定家庭经济困难学生，以"爱的力量"滋养家庭经济困难学生心灵，以专业化咨询和督导解决学生心理问题，以平台实践实训强化学生心理技能，将扶困与扶智、扶困与扶志结合，加大家庭经济困难学生能力素质培育力度，以朋辈支持发挥学生助人、自助作用，努力构建"融沁式"多元一体的励志教育模式，从而形成人才培养的良性循环。

2. 科学建立困难学生认定机制

通过"智慧校园"大数据平台的建设，以科学评价体系为基础，线上和线下相结合，定量和定性相结合，准确识别真正需要资助的学生，提高高校资助育人工作的实效性。

首先，要建立科学合理的认定体系。高校结合自身资助工作实际，制定家庭经济困难学生量化评价标准，认定指标体系应综合考虑两方面因素：一是高校所在地的物价水平、低保水平、消费水平、收费制度等；二是学生户籍信息、收入水平、家庭情况和突发状况等，做到学生家庭经济困难内容精细化，并建立标准数据库，以科学认定体系为支撑开展资助认定工作。

其次，对学生贫困情况进行识别时，线下线上、定性定量分析相结合。一方面，依托导师、辅导员、学生群体，联系学生生源地，了解学生的家庭经济实际情况，并结合学生的日常生活和消费水平进行定性分析；另一方面，充分运用大数据，在高校内部实现资助信息系统与教务、财务、后勤等系统的对接，充分利用信息化管理系统对学生的生活消费、学习情况、网上消费情况等数据进行采集。

对外与全国资助管理中心、民政部门、税务部门、扶贫部门、银行等沟通合作，对相关数据进行整合、分析、评估，实现数据的采集、挖掘和共享，对学生的贫困度进行精确定量分析，提供更有针对性的帮扶。

最后，建立经济困难学生信息库。以学生个体及家庭的突发事件为基础，建立困难生的退出与进入机制，及时调整贫困学生个人资助档案，使学生的数据库信息更加完善，实现精准资助的长效机制。学校还可以通过网络关注学生的动态信息，努力做到早发现、早上报、早评估，及时根据资助学生的实际情况合理分配资助金额，真正让有需要的学生受益。

3.健全精准资助协同保障机制

从贫困学生的评选认定到资助金发放的全过程，做到全程公开透明，使国家的资助金真正发挥作用，落实到家境贫困、品学兼优的学生身上，同时要畅通反馈渠道，接受师生的监督。

（1）加强资助工作队伍建设

建立校、院（系）、班级三级梯度学生资助工作队伍，由校资助部门工作人员、院（系）辅导员、学生干部协同开展资助工作。加强资助政策学习和培训，强化对国家及地方资助政策的理解把握，有计划分批次选派资助工作人员外出学习调研，借鉴先进工作理念和方法，提升业务素质和能力，全心全意为高校资助育人工作和学生服务，提高资助工作队伍执行力。

（2）强化学生资助工作监督管理

建立资助反馈机制和奖惩措施，对参与资助的工作人员和受资助学生进行监督，发动全体师生的力量，对失信行为采取一票否决制。加强资助线上线下双向监管，开通官方微博、微信通道、资助工作投诉信箱、匿名检举渠道等，做好资助育人工作的监督管理。

（3）做好资金审计和过程监督工作

各级审计、监管部门加强对资助资金使用全过程的监控，保证各项学生资助政策精准落地，充分发挥高校资助育人工作的作用，使资助育人工作成为民心工程。

4.构建以能力发展为目标的资助育人机制

高校家庭经济困难学生资助工作是人才培养的重要环节，资助育人作为高校十大育人体系之一，必然要服务于高校立德树人的根本任务。高校应将资助育人理念贯穿资助工作的始终，从学生入学到毕业就业制订全方位、全过程的资助育人计划，加强对家庭经济困难学生的引导和教育，坚持"输血"与"造血"相结合，给予家庭经济困难学生思想上关心、生活上帮助、学业上指导、心理上支持、就业上帮扶，还可联合校内外实习实训基地，对家庭经济困难学生群体，有针对性地开展专项育人项目。

资助育人要与感恩、励志教育相结合。坚持物质资助和精神培育并重的工作原则，围绕以学生为中心的理念，积极搭建资助工作全程育人、全方位育人的有效平台，充分发挥资助育人功能，树立受助学生的责任意识。鼓励困难学生参加公益活动和志愿服务，通过劳动改善自身学习和生活条件，增强劳动意识，弘扬劳动精神，着力培养学生的自强自立精神，实现资助工作的目标和效果。注重挖掘受资助学生中的典型励志事例，激发每个建档立卡生的潜力和价值，注重培养学生感恩、回馈意识，以实际行动服务社会，鼓励优秀受助校友回校宣讲、资助反哺，以形成自立自强和感恩精神传承的良性循环，增强精准资助育人实效。

（四）丰富受助人培养的育人活动[①]

受助人培养环节是资助育人实施中的着力点，也是资助育人能否取得实效的关键点。在受助人培养上，各学校应根据自身的特点和条件，深入探索受助人培养的育人活动，提升高校资助育人的实效。

1. 在读书感悟中提升人文素养

学生缺乏良好的阅读习惯，但是良好的读书习惯，会让学生一生受益。当人生中遭遇困难、迷茫的时候，学生能够从书中汲取能量。学校可以将阅读纳入受助学生培养活动当中，培养受助学生的阅读习惯和兴趣。学校可以组织受助学生到学校阅览室借阅图书，也可以开展与读书相关的活动。

在读书活动的开展上，一是组织受助学生开展阅读活动，受助学生之间相互帮助，相互促进，形成浓厚的读书氛围，培养受助学生的阅读习惯。同时，也可以引导受助学生利用相关手机阅读 App 软件进行阅读。这些 App 不仅可以方便受助学生使用手机阅读书籍，而且可以进行打卡活动，提高受助学生参与的积极性。二是调动受助学生开展读书体验活动。可以结合学生喜爱的短视频制作、图片制作等，开展读后体验分享活动。学生展示的内容，可以不拘泥于形式，可以包括书籍的背景、作者的生平、故事梗概、自我体会等，学生可以畅所欲言，通过自己擅长的形式，抒发内心的情感。在每月完成阅读任务后，可以选取 5~8 名代表，将自己阅读后的成果体会进行展示。三是制作读书手抄报。每学期可以借助学生活动、社团活动，组织受助学生以读书手抄报的形式展示阅读的成果。可以个人

[①] 秦亚梅. 中职学校资助育人策略研究[D]. 新乡：河南科技学院，2021：29-35.

独办，也可以小组合作，将读到的好书，内心的感受，制作成图文结合的手抄报，其中优秀的作品可以张贴在板报或者宣传栏里。通过一系列与读书有关的活动开展，逐步引导学生发现自身兴趣，充实受助学生的精神世界，培养良好行为习惯，打开受助学生心灵大门，提升个人的人文修养。

2. 在诚信自强活动中磨砺意志

学校要结合自身育人工作的情况，针对受助学生开展诚信自强相关的教育活动。诚信是社会主义核心价值观中的重要内容，在受助学生中弘扬诚信精神和诚信品质，不仅有助于受助学生道德品质的塑造，而且能为他们在今后的人生发展中提供源源不断的精神力量和意志。

首先，学校可以将奖助学金评定的时间（一般为每年9月）设定为"诚信教育"主题宣传月。在活动期间，围绕"诚信"主题开展针对受助学生的相关育人活动。比如，组织受助学生围绕"讲故事、树典型、展风采"三个步骤，塑造受助学生诚信品质。"讲故事"以"学习传统文化，讲好诚信故事"为主题，通过讲述中国传统文化中有关诚信的历史典故，受助学生能够受到中国传统文化的洗礼，将诚信品质根植于受助学生心中，传承中华民族诚实守信的优良传统，树立受助学生诚信为人的道德品质。"树典型"是在受助学生当中开展"诚信之星"评选。在受助学生培养的过程中，可以对学生的诚信行为和诚信品质进行观察和记录，以此为依据评选"诚信之星"。评选可以通过网络、广播的形式宣传候选人的诚信事迹，开通网络投票通道，在校园文化中营造浓厚的诚信氛围。"展风采"是对评选出的"诚信之星"进行表彰，展现受助学生诚信教育成果，提高受助学生的个人获得感，巩固育人成效。

其次，建立受助学生诚信档案。受助学生培养是一个长期的过程，其成长的点滴可以通过诚信档案的建立进行记录和汇总。在诚信档案中，可以将学生受助后的班级纪律履行情况、学业计划执行情况、期末考试诚信情况、见习实习过程中的表现情况进行相关的记录。诚信档案的纪录情况可以作为下一学年助学金评审的参考条件。通过诚信档案的建立，对受助学生起到监督约束作用，使受助学生能够树立诚实守信观念，在今后的人生发展过程中诚信为人、诚信做事。

最后，在对受助学生的诚信品质继续培养和相关约束监督的同时，学校的班主任和教职员工也应该秉持诚信的工作作风和工作态度，对资助评选过程中的不诚信行为"零容忍"。在资助过程中,教师要严守工作底线,将国家的资助政策落实到真正有需求的学生,也能为学生提供现实的行为典范,让教师优良的师德师风成为受助学生诚信教育最好的教材。

除了诚信品质以外,自强品格也是受助学生必须培养的精神品质。受助学生因为各种原因,家庭经济生活比较困难。国家施行的助学金资助政策可以帮助受助学生减轻家庭的经济负担,支持受助学生完成学业。但是,个别受助学生存在缺乏坚韧意志,精神上较低迷,迷恋游戏,对于学习丝毫没有兴趣的现象,甚至有的学生已经形成"等、靠、要"的惰性思想。

对于学生来说,"志"和"智"的帮扶就要依靠学校教育。教育也被视为斩断学生思想中的"穷根"的根本之策。单纯的经济资助只能帮助一时,必须通过教育,从内生因素上转变学生的精神品格,帮助受助学生形成独立自强的人格。针对个别受助学生存在惰性思想的现象,辅导员应采用情感引导为主的方法,要经常和学生进行谈心谈话。以谈话内容为载体,用优秀的传统文化资源激发学生的奋斗精神。谈话过程和内容应循序渐进,可以包含以下几点:

一是改变学生的态度和观念,淡化学生的"贫困意识"。要让学生正确认识自己,接纳自己的不足,发现自身的优势。在谈话中,让学生感受到老师的关心和关爱,用欣赏和信任对学生进行鼓励和支持。通常情况下,学生消极懒惰的思想根源都和家庭因素密不可分。俗话说:"人穷穷一时,志短短一世。"不能因为家里是"建档立卡户""低保户""困难户"就习惯戴着贫困的帽子,见人矮一截,丧失了自立自强的奋斗精神。要树立正确的人生观,引导受助学生正视自己的家庭现状,正确看待目前的困境。辅导员要帮助学生发现自身的长处,并将其充分发挥。"天行健,君子以自强不息",通过鼓励和引导,要让学生重建改变命运的勇气和信念,使受助学生能够依靠自己的努力付出,改变现状,实现人生价值。

二是采取家校共育的措施,持续性地跟踪重点学生的思想动态。学生的转化工作,特别是思想上的转化,是需要长期坚持的一项工作,需要依靠资助育人体系的科学构建,精准施策。要让学生将国家资助政策与个人的职业规划、人生发展紧紧联系在一起。在受助学生培养的过程中,也要取得受助学生家长的配合。学校可以从家长角度,了解受助学生的成长经历,帮助辅导员对症下药。辅导员要将受助学生在学校中的点滴进步告知家长,使家庭和学校教育的目标保持一致,形成合力。同时，也可以让受助学生在学校教育中取得的成绩和效果在家庭教育中进行巩固。学校和家庭共同配合，达到转变学生思想的目的。

三是要鼓励学生参与到受助人培养的相关活动中，磨炼学生品格，激发受助学生不断进取、奋进拼搏的精神。例如，学校可以设置勤工助学岗位。通过劳动和付出，受助学生获得了相应的经济资助。既给学生提供了实践的机会，也让学生认识到奖励的来之不易，避免学生产生不劳而获的惰性思想。通过活动的参与，让学生在日常的学习和生活中，体验成长、感受进步、体验成功，逐渐走出低迷的精神世界。辅导员在重点培育受助学生的过程中要用真感情，能够让学生切身地体会到老师的理解与帮助，使学生在心灵上产生共鸣，受到启发，积极向上。同时，学校也可以开展自强之星、自强团队的评比，巩固受助学生育人成果，增强受助学生的获得感和荣誉感，激励受助学生在逆境中的奋进精神，培养他们不畏苦难的勇气。

3.在志愿服务活动中浸润奉献精神

志愿服务活动是现代文明社会不可缺少的一部分。近年来，学生也陆续投身志愿服务活动，借助自身专业优势，在志愿服务活动中贡献着自己的力量。

学校可以依托受助学生的专业优势，将志愿服务活动纳入受助学生培育体系，帮助受助学生搭建志愿服务平台，扩展受助学生的培育场所，扩充培育内容，培养受助学生的志愿服务意识和能力，在服务过冲中浸润奉献精神，让受助学生用技能和知识在社会中贡献自己的力量。

在志愿服务活动的开展方面，学校可以根据受助学生情况和志愿活动开展情况，设立校园服务项目和社会服务项目两条主线，开展贴合受助学生能力水平的志愿服务活动。在校内开展以"维护校园环境""光盘行动"等为主题的志愿服务活动，也可将志愿服务活动与劳动教育相结合，让受助学生分成小组进行志愿服务微体验。在校外，可以借助学校周边的社会力量，每周定期开展"社区志愿服务活动""交通安全教育志愿服务活动""城市环境卫生志愿服务活动"等。受助学生不仅可以在公园、社区内进行环保宣传、健康宣教、文艺演出，而且可以在城市道路路口、校园周边进行文明交通服务，在绿化带、人行道进行清洁家园志愿服务。对于在专业方面有优势的受助学生，还可以在敬老院、福利院开展具有专业特色的服务活动，例如血压血糖测量、保健按摩、电器维修、食品烘焙等。

通过志愿服务活动的开展，受助学生在劳动和付出中得到社会的赞美和认可，发现了自身价值，培养了奉献精神，感受到劳动的收获和喜悦。

受助学生的志愿服务活动开展要有组织、有计划、有记录、有考核。首先，要规范受助学生的志愿服务活动。学校以受助学生为主体注册志愿服务组织后，可以在受助学生中广泛发动动员，以个人自愿为原则申请加入志愿服务活动组织。受助学生的个人信息进行注册登记后，可以成为志愿者。其次，要根据受助学生的年龄、知识、技能等情况，合理安排受助学生参与志愿服务活动。规定受助学生每学期的服务时间和服务次数。最后，学校对受助学生的志愿服务活动情况要进行详细的记录。记录的内容可以包括志愿服务活动的主题、时间、服务地点、服务内容、服务时长和负责人。志愿服务的评价情况可以根据受助学生志愿服务活动完成情况和效果来进行评价。对在志愿服务活动开展过程中涌现出来的优秀受助学生进行表彰。

4. 在心理健康教育活动中健全品格

目前，学生的心理问题令人担忧。受助学生作为学生中的特殊群体，其心理健康问题更值得引起关注。因此，在面对家庭经济压力的同时，受助学生还会在价值观建立、人际关系、升学和就业的选择中遇到各种问题和困惑，由此产生的心理问题和心理困惑也会增多。学校可以通过开展相关的心理健康教育活动，弥补受助学生品格中的缺陷，培养受助学生良好的心理适应能力和心理调节能力，保持健康的精神世界，拥有良好的社会适应性。

在受助学生心理健康教育的开展上，学校要结合受助学生的年龄特点和心理发展现状，采用预防和干预相结合、团体辅导和个别辅导相结合的心理健康教育措施，及时发现受助学生中的隐形心理危机，培养受助学生乐观、豁达、向上的性格，形成开朗自信、勇于拼搏、敢于争先的优秀心理品质。

首先，重视受助学生心理健康状况的预防和干预，根据学校现有的条件，利用计算机等设备，借助科学的心理健康测量量表，例如艾森科人格问卷（EPQ）、社交回避及苦恼量表、学习目标自我诊断、学生人际关系和谐性测试等，对受助学生进行心理健康普测。在量表测试的过程中，要引导受助学生认真、如实填写量表，以获得较真实的测量结果。通过对测试结果的分析、评价，从学习、生活、人际关系和职业适应性等方面，综合评定受助学生的心理健康水平，做到了解和掌握每个受助学生的心理状况，建立受助学生心理健康档案。为改变受助学生不健康的心理状况，解决成长过程中遇到的心理问题提供科学的依据。通过科学量表的测试，可以了解受助学生普遍的心理健康状况，同时也能够发现在心理健康方面存在问题的重点学生，有利于今后心理健康教育活动的开展，帮助受助学生顺利度过人生中的特殊时期。

其次，组织受助学生开展心理健康教育相关的团体辅导活动。人是社会性的动物，需要生活在一定的群体当中。群体生活可以满足个人的需要和期望，也能够陪伴和支持个人的成长和发展。在心理普测和日常观察中发现在心理健康上需要重点关注的受助学生，可以有针对性地开展相关的心理团体辅导活动。团体活动将心理健康教育寓于游戏活动之中，学生在参与的过程中获得直接的心理体验和一定的心理技能。学校可以组织受助学生开展趣味心理运动会，如三人两足赛跑、合力吹气球等项目。

受助学生融入游戏当中，通过直观的感受，让受助学生体会集体归属感和荣誉感，打开心灵的大门，启发受助学生心中的萌芽。在心理健康教育月中，通过开展心理健康宣教、趣味心理运动会等，向重点学生传授心理健康方面的知识，优化受助学生的心理健康素质，提升受助学生自我调节、人际交往和情绪控制的能力。

最后，发挥学校心理咨询室的作用，做好受助学生的个体咨询。在对辅导员的访谈中，每一年受助的学生中，都会有1~2个学生的心理健康问题比较严重。辅导员又缺乏相应的心理学知识，处理起来比较棘手。这种情况下，可以引导学生到学校的心理咨询室进行心理咨询和辅导。一般情况下，学校心理健康咨询室配备有专业的心理学教师，可以根据受助学生的心理健康测试结果，对学生的心理问题进行干预和指导，帮助受助学生妥善解决在心理健康方面的问题，促进个性品质朝着良性的方向发展。例如，有的受助学生人际交往能力比较弱，不善于和同学沟通交流，性格自闭。可以在人际沟通技巧方面对受助学生进行指导，鼓励他们突破自我，主动和同学交往。有的受助学生长期受到老师、家长的批评、训斥，缺乏自信心，可以从转变看问题的角度帮助学生重新建立自我评价的标准，帮助学生找到发现自己的长处，接纳自己，肯定自己。

通过在受助学生中开展的心理健康相关的教育活动,能够提高对受助学生心理状况的重视程度,从心理方面关注受助学生的个人成长,能够促进受助学生育人效果的提升。

5. 在课外活动中拓展综合能力

对于受助学生的培养,要以德、智、体、美、劳方面全面发展为目标。因此,鼓励受助学生参与到丰富的课外活动当中是培养受助学生综合能力的方法之一。丰富的课外活动不仅可以丰富受助学生的生活,让受助学生感受到集体、团队的关心和关爱,而且可以受助学生在活动的过程中发现自己的潜能,展示自己的风采,提升受助学生的综合素质。

在具体开展的过程中,可以结合受助学生的个人特点,有针对性地引导受助学生参与力所能及、发挥优势的校园活动。比如,在体育方面有特长的学生,可以鼓励他们参加学校运动会,在运动场上挥洒汗水、奋勇拼搏;有文艺特长的学生,可以推荐他们参加学校的文艺活动或演出,将自身的才艺展示出来,增加个人的获得感、体验感和成就感;有专业特长的学生,可以培养他们参加专业技能竞赛,提升专业素质,增强专业竞争力,为今后职业生涯的发展做好准备。

同时,学校也可以开展针对受助人的课外活动。首先,每月设置一个主题,围绕该主题开展活动。在"诚信月"可以进行校园"诚信短剧"大赛,在"励志月"可以组织受助人观看以"励志"为主题的电影,在"收获月"可以安排专业教师对受助学生进行课业辅导,帮助学生冲刺考试。其次,组织受助学生参与社会实践活动,可以使学生进一步认识和理解社会,将自己的奋斗融入社会发展的洪流中。通过自己的努力,为国家的进步和发展贡献力量。通过一系列校园活动的参与,帮助受助学生树立自信心,使资助在助困的同时,能够点亮学生心中的火,激发学生的进取精神,让他们在成长的道路上有成就感、获得感,推动资助育人工作凸显实效。

(五)将人文精神融入高校资助育人工作[1]

将人文精神融入高校资助育人工作是对新时代高校资助育人工作提出的更高

---

[1] 赵心蕊. 将人文精神融入高校资助育人工作的探索与思考[J]. 高校辅导员学刊,2022,14(03):55-60.

要求。高校学生资助工作者应不断地在树立人文育人理念、完善人文教育体系、创新人文关怀方式以及营造人文育人环境上找路子、寻突破。

1. 坚持修己达人，落实以人为本的育人理念

教师承担着塑造灵魂、塑造生命、塑造人的使命。能否将人文精神更好地融入高校资助育人工作，建设一支具有较高人文素养的师资队伍是关键。

（1）树牢以人为本理念，彰显资助育人本质

"有什么样的理念，就有什么样的工作方法。"高校学生资助工作要坚持将人文精神贯穿始终，实现由"保障型"向"发展型"转变，资助工作者必须树牢"以人为本"的工作理念。一方面，要把满足人的全面需求和促进人的全面发展作为资助育人的目标导向，最大限度地满足家庭经济困难学生成长成才的需求；另一方面，要尊重学生的主体地位，发挥其积极性和主动性，激发其内生动力，构建"解困—育人—成才—回馈"的育人机制，全面彰显育人本质。

（2）争做为人为学表率，提高资助育人能力

新时代，高校学生资助工作者不仅要解决学生的经济困难，更要"做学生锤炼品格的引路人，做学生学习知识的引路人，做学生创新思维的引路人，做学生奉献祖国的引路人"。而传道者自己首先要明道、信道。因此，应不断强化学生资助工作队伍建设。一方面，要加强师德师风建设，在资助工作者的聘用、提拔等环节把师德师风作为评价的第一标准，完善相应的考核评价体系；另一方面，要通过多渠道不断提高资助工作者人文素养，并注重对人文精神融入高校资助育人工作的理论研究，准确把握新形势下人文精神融入高校资助育人工作的基本规律，提高对家庭经济困难学生的人文精神培育的能力水平。

2. 丰富教育内容，完善人文素养培育体系

坚定"四个自信"，最根本的就是坚定文化自信。而文化自信的基础就是文化自知和文化自觉。将人文精神融入高校资助育人工作，就是要在资助工作中培养受助学生坚定的理想信念、崇高的品德和深厚的人文知识底蕴。

（1）以思想引领为先导，涵养学生人文精神

资助育人是要为党育人、为国育才，思想引导尤为重要，成为人文精神融入高校资助育人工作的首要内容。因此，要坚持以思想引领为先导，将马克思主义及其中国化理论成果的基本内容与鲜活的社会实践和现实的生活需要相结合。一

方面以基本理论知识为根基,要用中国理论解读中国实践,并让学生在实践中进一步体认中国理论的科学性和真理性,引导家庭经济困难学生正确认识世界和改造世界;另一方面要积极回应学生在现实生活中所关心关注的问题,引导学生正确解决正在面临的困难和遇到的难题,进而坚定"四个自信",涵养其强大的精神力量。

(2)充分发挥美育功能,提高学生道德情操

美是丰富精神的重要源泉,具有以美导善,以情化人的独特优势。将人文精神融入高校资助育人工作,就是要给学生心灵埋下真善美的种子,塑造学生高尚的品格、品行、品位。因此,必须构建"大美育"教育格局,充分挖掘美育资源,发挥美育培根铸魂、培养学生高尚道德情操和高雅审美情趣的重要功能。一方面,要以音乐、美术、表演等艺术教育为重点,进一步健全完善课程教学、实践活动、校园文化、艺术展演相结合的美育机制,提高学生审美能力和人文素养;另一方面,要突出中华优秀传统文化的精髓,加强对学生的励志教育、诚信教育和社会责任感教育,培养青年学生自立自强、诚实守信、知恩感恩、勇于担当的良好品质,提高学生践行美的能力。

(3)完善知识教育体系,夯实学生人文积淀

将人文精神融入高校资助育人工作要以人文知识的积淀为载体,使学生通过学习古今中外人文领域基本知识,汲取其中蕴含的丰富的人文思想和文化精髓。一方面,要加强顶层设计,丰富人文素养培育的实践活动。坚持第一课堂与第二课堂相结合,丰富完善人文知识课程体系,重点聚焦哲学、文学、历史、经济、法律、文化习俗等人文知识,通过开展竞赛类、实践类、表演类等资助育人活动,实现以文化人、以文育人、以文培元。另一方面,要建立蕴含人文精神和人文素养的资助育人成效评价标准,把学习内容和质量评价规范化、制度化,进而有效提升受助学生的人文知识积淀水平。

3.注重隐性资助,践行人文关怀工作方式

将人文精神融入资助育人工作不仅要求在育人内容上彰显人文特色,而且要在育人的方式方法中体现人文关怀,突破传统资助范式的束缚,更加突出学生的主体价值与地位,通过学生易于接受、润物无声的方式,将大爱情怀渗透到学生思想和生活中,将人文关怀融入资助育人的全方位、全过程。

（1）实施去标签化资助，充分尊重学生隐私

体现人文关怀，让家庭经济困难学生得到有尊严的资助是人文精神融入高校资助育人工作的基本要求。近年来，学生资助工作越来越注重保护学生的个人信息和隐私，避免"有色眼镜"和"特殊标签"对他们造成的伤害。因此，要在具体工作开展中要充分体现对家庭经济困难学生最大的尊重和理解。

一方面，要深入开展温暖贴心的沟通交流活动，了解学生的实际需求。坚持普遍关心和重点关注相结合、解决思想问题与解决实际问题相结合，遵循平等尊重、真诚激励的原则，精准掌握学生的基本情况和成长需求，杜绝任何形式的"比惨""晒穷"，做学生的知心人和守护者。

另一方面，要开展去标签化资助，不搞"特殊"和"专属"。在资助育人工作过程中，不搞特殊群体的专项活动，针对家庭经济困难学生的实际需求设置可广泛参与的多元化育人活动，不让某项活动成为困难学生的专属品。

（2）注重心理健康教育，促进身心健康发展

给予学生心灵慰藉和心理疏导，培育家庭经济困难学生理性平和的健康心态是人文精神融入高校学生资助工作的必答题。

一方面，要通过蕴含人文精神的心理剧、竞技活动或体验活动等丰富多彩的心理健康教育活动，满足学生的成长发展需要，培养积极乐观、阳光自信的健康心态。

另一方面，要针对家庭经济困难学生常见的心理问题制定应急预案和干预对策，对有需要的学生及时开展有效的心理援助和帮扶，解决其遇到的适应性困难和障碍性问题，并建立心理援助跟踪回访机制，让受助学生感受到暖心关爱。

（3）加强宣传引导，营造健康和谐的氛围

健康和谐的人文氛围能够深刻地影响学生人文素质和精神风貌的养成。对于资助育人工作来说，人文氛围的营造需要校内外多元主体的积极参与，通过广泛宣传和协同联动共同营造良好的育人环境。

①广泛开展资助宣传，创建浓厚的人文环境。做好资助工作宣传，是让学生家长及社会各界全面了解资助政策，创建浓厚人文环境的最直接、最有效的方式。一方面，高校学生资助工作者要做好资助育人工作的形象代言人和政策宣传员，坚持传统媒体和新兴媒体的优势互补，抓住重大招生考试、新生入学等关键时间

节点，有重点、有针对性地加强学生资助政策和实施成效宣传，大力宣传资助育人在促进社会公平、脱贫攻坚方面发挥的重要作用，努力营造良好的人文氛围；另一方面，要选取各类典型人物、典型事件开展人文精神宣传，大力弘扬爱党爱国、诚实守信、自尊自信、团结互助、艰苦奋斗等高尚精神品质。

②推进多元主体参与，构建协同联动机制。将人文精神融入高校资助育人工作不仅是资助工作部门的事，应强化共治理念，构建全员参与、各部门配合、各育人环节统筹协调的育人机制。一方面，要充分发挥政府政策制定的主导力，结合经济社会发展趋势和学生成长成才的实际需求，在优化完善资助育人政策过程中不断强化人文精神，体现党和国家对家庭经济困难学生的人文关怀；另一方面，要积极调动社会力量，倡导社会爱心人士和团体广泛开展具有浓厚人文精神的资助育人活动，让学生感受到来自全社会的人文关怀，营造良好的人文环境，在全社会形成协同联动的资助育人机制，彰显人文精神和人文情怀的强大育人合力。

（六）将劳动教育融入高校资助育人[①]工作

当前，劳动教育在高校课程体系中是一个薄弱部分，对此，高校应主动探索多渠道开展劳动教育的实践路径。其中，劳动教育与高校资助育人工作的有效融合，可以助推资助育人体系的进一步完善，达到经济解困、实践育人和成长成才的相互结合，彰显劳动教育对学生的"扶志"与"扶智"功能。

1. 以劳动教育为抓手，发挥资助育人的价值引领作用

高校对贫困大学生开展资助工作，这是国家保障每一位大学生成长成才的重要民生工程。当前，高校资助育人体系越来越完善，如何拓展、创新资助工作的内容和方式，是高校需要去面对的重要课题。立德树人是高校教育的重要价值追求，五育并举是高校课程体系革新的方向，高校资助育人工作应主动以劳动教育为抓手，真正实现资助与育人的融合。

（1）发挥好劳动模范的价值引领

劳动模范是我们宝贵的精神财富，在高校劳动教育过程中具有重要的示范教育作用。高校资助部门应重视劳动模范的价值引领功能，可以邀请有影响力的劳动模范深入校园举行专题报告，让学生近距离感受劳动者的先进事迹，通过劳动

[①] 邓军彪. 新时代高校劳动教育融入资助育人工作的路径探索 [J]. 高校辅导员学刊，2022，14（03）：8-13.

者的现身说法，传导其甘于奉献、勇于付出、敢于担当等正能量品质，引导大学生向劳动模范学习，通过榜样的力量发挥劳动教育的激励、导向和矫正等功能。

（2）开展劳动专题实践活动

高校的"三下乡"活动、基层支教支农支医活动，是大学生参与劳动实践的主要方式。社会实践活动既可以增强学生了解社会、认识社会和服务社会的意识，也让大学生有了更多的劳动实践渠道和锻炼机会。高校资助部门可以优先安排受资助的大学生参与，通过实践活动的锻炼来引领大学生提升社会责任感，培养学生具备新时代的劳动精神，激励大学生通过辛勤劳动去回报国家和社会。另外，高校资助部门还可以引导高校的学生社团开展劳动专题实践活动，激励受助大学生主动参与，达到在活动中育人的成效。

（3）强化劳动信念教育

针对部分大学生劳动观念淡薄的问题，高校可以结合助学贷款、勤工助学等常规工作，对学生开展诚信为重、劳动光荣等专题教育，强化学生的诚实劳动的价值观念，树立学生劳动创造价值的理想信念。另外，可以结合校园文化活动，开展以劳动教育为主题的演讲、辩论、论坛等活动，通过活动潜移默化地影响大学生，增强他们的劳动信念，把尊重劳动的观念真正内化于心。同时借助微博、公众号等媒介，推送劳动教育的专题作品，让劳动教育时刻陪伴着大学生，使其真正认识到劳动的重要价值。

2. 以劳动育人为目标，拓宽资助工作的实践平台

劳动教育强调，实践和行动是学生专业知识学习的显性化、具体化，也是学生具备劳动技能的重要途径。大学生在参与劳动的过程中，既可以把专业知识转化为素养能力，也可以在实践行动中培养分析和解决问题的能力。高校资助工作与劳动教育的有效结合，资助育人就有了具体的载体和内容，对于促进学生身心全面发展有着重要意义。其中，重要的路径就是拓宽贫困大学生的自助平台。

（1）拓展校外实践基地，为贫困大学生开展劳动教育搭建桥梁

目前，高校基本上都已形成针对贫困生"奖、助、贷、勤、补、免"有机结合的体系，但经济帮扶只是基础，更重要的是需要提升受助贫困生的自助意识和自我发展能力。因此，为受助大学生搭建劳动实践平台，对于提升其自助能力具有重要价值，而劳动教育也需要具体的载体去实现。基于此，高校可以主动融

入乡村振兴的发展格局，搭建与新农村建设相结合的劳动基地，通过设立"劳动周""劳动月"等方式，为学生的劳动教育提供平台，让劳动教育真正落地。

（2）建设创新创业实训基地，鼓励贫困大学生主动参与创新创业训练

创新创业实践通过锻炼学生的动手能力、探索精神和合作沟通能力，帮助学生拓宽视野，为其就业、创业打下坚实的基础。高校可以探索发展型资助体系与创新创业实践教育的融合路径，为受助大学生搭建更广阔的平台。

高校资助部门可以利用国家创新创业政策，整合校内外的各种资源，构建创新创业实训基地，为受助学生提供实践平台。除此之外，高校还可以拓展社会资源，举办各种创新创业类比赛，通过以赛促训让贫困大学生更好地认识到通过创新创业实现自助的意义。高校还可通过设立创新实践课题或创业训练项目，让受助大学生有更多的锻炼机会，通过利用这些项目或平台来提升自己的实践能力。

（3）通过校企合作模式，拓宽家庭经济困难学生的自助路径

高校应进一步创新校企合作的内容和方式，除了提供传统的实践实训外，还可以校企合作共建劳动教育的实践课程，提供合理的跟岗、顶岗劳动岗位，为学生提供更多的实践机会。

高校要充分利用校园创业孵化基地、筹集创业基金、设立校企合作项目，培育受助大学生形成自强独立、创新发展的能力。劳动教育是高校全面育人内容的一部分，通过劳动教育可以使大学生更好地融入社会，促使学生发挥更为全面的能力去创造社会价值。

3. *以劳动教育为载体，提升资助育人的实践成效*

当前，高校开展的勤工助学是资助育人体系中的重要内容，而勤工助学也是劳动教育的一种途径。学校资助工作的出发点之一就是全面育人，勤工助学应坚持立德树人的价值导向，重点培养学生的劳动意识，全面提升学生的劳动技能，促使学生形成自强自立的可贵精神。

（1）发挥勤工助学的精准扶持功能

首先，高校通过精准管理的方式，指导贫困大学生分类、分层参加各类勤工助学活动。对于缺乏实践经验的刚入学新生，重点参与校内体力性质的服务型岗位，如图书馆值班、宿舍楼值日、卫生监督员等，培养新进入高校的大学生具备基本的劳动技能和本领；高年级同学可以参加一些智力性质的劳动，如担任导师

课题的科研助理、学校管理部门的行政助管、项目实践考察的调研人员等，引导学生把专业学习与劳动教育相结合，全面提升学生的综合素养。

其次，高校资助工作须改变过去普适性的资助方式，体现个性化和定制化。针对学生不同的个性需求和兴趣特点，高校资助部门可以从不同层面设计定制化的勤工助学内容，进一步创造贫困大学生的发展与素质提升机会，体现资助育人的实效性。

最后，高校应规范资助工作的制度建设，尤其是勤工助学需有切实可行的效果评价制度，改变干多干少一个样的平均主义心理，将学生参与勤工助学的时间、内容、效果等纳入考核标准，形成长效的跟踪反馈机制，对于扎实肯干、表现突出的学生，给予重点资助、奖励和宣传报道，引导贫困大学生自觉、自主地参与劳动教育，养成辛勤劳动、努力奋斗的意志品格。

（2）充分利用课堂主渠道的育人功能

劳动教育要充分利用好课堂主渠道的作用，加强劳动教育与德育、智育、美育等方面的有机结合，形成课堂、课程、实践的协同效应。如高校的"形势与政策"这门课程，就可以结合实际案例讲述劳动精神，梳理当前社会各阶层的劳动力状况，分析社会就业形式和特点，帮助受助大学生更好地理解劳动与社会发展的辩证关系，让大学生在案例和数据中知晓自己的位置和责任，承担起国家发展和民族复兴的职责。高校还可以结合新生入学，开展劳动主题教育，讲述学校发展史及办学的艰辛历程；结合毕业生大会，邀请优秀校友讲述就业故事，让学生在榜样的事例中懂得吃苦耐劳的伟大。

（3）发挥资助育人的人才培养作用

首先，完善高校的人才培养方案，将劳动教育纳入课程体系，推动劳动教育进课堂、进课程，促进高校人才培养过程五育并举。除了劳动教育独立开课以外，劳动教育与专业教育还应有效融合，真正提升学生的社会适应能力。如高校的通识教育课程、职业生涯规划课程，应融入劳动教育的内容，让学生在课程中不断强化劳动观念，高校的实践课程、技能训练，也应强化学生的劳动体验和情感态度，提升学生的劳动技能，真正形成适应社会的职业能力。

其次，加强学生的综合素质教育。特别是困难大学生，为了提高他们就业创业的竞争力，除了加强专业指导外，还应为他们提供更多的专业性培训，如为适应岗位能力要求，可以有针对性地开展办公技能、写作技能、商务礼仪等方面的专题培训。

最后，高校还可以动员专任教师、班主任、辅导员等力量形成合力，组建专业的服务团队开展帮扶工作，对受助大学进行全面的关怀和指导，促进受助大学生全面成长。

劳动教育是创造美好生活的前提条件，是新时代高校教育体系的重要组成部分，是促进大学生健康成长的重要保障。高校的资助育人体系需要融入新时代劳动教育的内容，彰显新时代劳动教育树德、立人、增智和强体的综合育人价值，构建新时代资助育人与劳动教育有效融合的新格局。

（七）加强校企合作资助育人[①]模式的应用

为了更好地推进校企合作资助育人模式的建设与生成，提升实践技能型知识在高校人才培养方案中的比重，加强对企业实践技能型人才的学术理论性知识灌输，促进全方面、高能力、高素质人才培养的落地生成，需要从多主体角度进行综合施策，以加快建设校企合作资助育人培养模式，提升教育受体的覆盖面，拓展学生的知识视野，多方面发展学生的综合知识组织能力与技能水平。

1. 积极响应政府的政策导向

无论是高校还是企业，在共同制定人才培养方案的过程中都要遵循政府提出的人才培养要求，积极响应国家对高校技能型人才培养模式指向，充分利用相关支持性政策、经济经费补贴、组织场所依托等方面的便利条件，将其与实际建设中的校企合作资助育人模式平台做统一整合，以实现自身平台的优良建设。

2. 共建人才培养方案

在制定高校人才培养方案的过程中，必须遵循双主体共同参与制定的要求，学校针对学生相关学段学情及认知发展规律，选择真正适合学生发展的理论性知识与高端前沿成果，将其汇总为整合度高的知识内容。首先，企业在充分了解学校知识内容的基础上，从学生专业发展、技能实操需要角度补充相关的实践性知识，进而将实践性知识与理论性知识整合为统一的人才培养方案；其次，在实际教学过程中要打造"双师型"教育队伍，不仅沿袭传统高校教师对学生讲授理论

---
① 樊宇真. 基于校企合作资助育人模式的构建与实施研究[J]. 科技风，2022（12）：161-163.

知识的讲授模式，更要积极引进企业工程师、实践技能操作师等工作人员进入高校课堂担任学生的实践技能指导导师，真正促进学生实践技能的落地生成。

3. 推进实验实训基地建设

企业在对学生进行实践技能操作知识讲授的过程中，要大力推进建设实验实训基地，保证实验基地的标准化与合理化。只有将实验实训基地建设真正对接学生的专业发展需求，满足教师对实验室的要求标准，才能使学生在实验实训基地接触到真正提升自身实践技能操作的高端设备。进而引领学生在教师的引导下沉浸于实验实训基地教学场景，在教学场景的熏陶下体验自身的职业视野，在完成实践任务的过程中提升自身的实践操作水平。

4. 推广应用现代化教学媒介

高校教师及企业优秀实践操作师在对学生进行知识传输的过程中要提升对互联网技术、现代化教学媒介的使用效率，引导学生在参与现代化教学媒介的过程中激发对本专业的深层学习兴趣，活跃学生的学习思维，加强师生交流，这不仅是对教师应用教学媒体能力的锻炼，而且能有效提升高校课堂教学效果，提升知识的传输效率。

（八）将感恩教育融入高校资助育人[①]工作

在对高校学生进行资助的基础上，要实现高校资助工作的"育人"功能，就需要在"立德树人"根本任务、"三全育人"大格局、教育"扶贫扶志扶智"目标以及社会主义核心价值观的指导下，融入"知恩、感恩、报恩、报答"的感恩教育，让政府、社会、学校和家庭形成四方合力，共同提高资助育人成效。

1. 落实国家资助育人政策，优化资助育人环境

（1）传承感恩基因，强化精神培育

在对学生进行资助政策宣传时，要注意融入中华民族优秀文化和传统美德，比如"乌鸦反哺""谁言寸草心，报得三春晖""滴水之恩，当涌泉相报""知遇之恩，永生不忘"等，进一步提高高校感恩教育的实效性。引导受助学生在中华民族传统美德文化、红色革命文化、当代先进文化的浸润熏陶中，坚定文化自信，强化使命担当，懂得知恩感恩。

[①] 陈宗霞. "感恩教育"融入高校资助育人工作探究[J]. 重庆电子工程职业学院学报，2022，31（01）：61-66.

第七章　高校资助育人的发展策略

（2）培育"扶志"场域，重视心理关怀

由于家庭贫困而导致的心理问题，将成为继贫困之后阻碍学生成长成才的第二大因素。所以在对学生进行资助的同时，不仅要保证国家的资助资金及时到位，而且要以学生为本，想学生之所想，急学生之所急，在资助的各个环节注重保护学生的个人信息和隐私，通过多途径降低资助对受资助学生的负面心理影响，在对学生进行物质资助的同时，摒除学生"等靠要"的依赖心理，加强对学生的心理关怀，使学生资助工作变得更加暖心。

（3）培养励志资助典型，诉说感恩故事

目前，我国建立了完整的"奖助贷勤补免"的资助政策体系。在对学生进行资助的同时，要注意培养国家奖学金和国家励志奖学金等资助获得者的励志故事和感恩故事，通过对身边真实的典型故事进行宣传，带动和激发其他同学的感恩之心，实现全员育人。

（4）解读国家资助政策，落实资助育人机制

近年来，国家资助政策不断完善，资金投入力度不断加大，资助管理水平进一步提升，呈现出从资助助人向资助育人的转换趋势。因此，在对学生进行资助的同时，要及时解读国家资助政策，跟上国家资助节奏，重视国家资助政策的"育人"目标，通过融入感恩教育，将资助育人落到实处。

2. 培养学生社会责任感，营造资助育人氛围

（1）培养学生社会责任感

当对学生进行社会性资助时，可挑选受助学生代表深入企业或社区实地参观，通过企业文化或当地社区文化营造资助育人氛围，感染受助学生，让受助学生知道资助来之不易，滴水之恩，当涌泉相报，进而提高学生的社会责任感。

（2）通过美德教育，使学生学会感恩

中华民族有历史悠久的传统美德，多方媒体也会通过多种方式弘扬中华民族传统美德，如宣讲"感动中国年度人物""时代楷模""全国道德模范"等励志人物故事。在对学生进行资助的同时，要利用各种社会媒体提高这些模范人物对学生的影响力，把社会主义核心价值观融入资助育人全过程，在资助中潜移默化地让学生学会感恩，提高资助育人成效。

（3）创新资助育人形式

可通过开展实施具有"育人"倾向的"发展型资助的育人行动计划""家庭经济困难学生能力素养培育计划"等，开展"诚信感恩于心·青春励志同行""诚信校园行"等主题教育活动。引导青年学生将"诚信""感恩"作为立德、立学、立言、立行的重要依据，培养诚信意识，营造校园感恩氛围。

3. 借助多种资助手段，拓宽资助育人途径

（1）物质资助与精神资助相结合

"授人以鱼，不如授人以渔"，高校在对学生进行物质帮扶的同时，还要关注受助学生的心理和精神变化，通过与受助学生谈心谈话了解学生的真实想法，为学生"精神解困"，使学生"心理脱贫"，培养学生成为眼里有光心里有爱的人。

（2）显性资助与隐性资助双管齐下

高校在对学生进行资助的同时，要理解学生的难处，尊重学生的隐私，保护学生的尊严，显性资助和隐性资助双管齐下，使学生资助做出温度，做得暖心。高校可以通过大数据获得学生的相关消费数据，通过为学生充值校园一卡通，准备购书卡、超市卡及学习生活用品，以及为学生购买回家返校车票等方式资助特殊困难学生，促进他们成长成才。

（3）无偿资助与有偿资助有机结合

要从"输血"式助学向"造血"式助学转换，强化勤工助学的育人导向。通过勤工助学培养学生自立自强、创新创业精神，提高学生的社会实践技能。通过成立资助服务中心，为学生提供平台，让学生通过各类志愿服务活动，增强其感恩意识，实现资助育人。通过成立爱心基金，坚持"取之于生，用之于生"的原则，让学生参与其中，不仅可以解决学生的经济困境，而且还能让学生将感恩付诸行动。

（3）"扶贫"与"扶智"联合促进学生全面发展

不仅要提高学生资助工作水平，严肃资助工作纪律，全面提升学校资助工作成效，而且要在资助过程中重视对贫困学子就业技能及学业的帮扶，引导受助学生成长为德、智、体、美、劳全面发展的社会主义建设者和接班人，保证受助学子毕业之后能够凭自己所学所能创造自己的一片天空，实现全过程育人。

4. 实现家校互动，落实资助育人成果

（1）让家长了解国家和学校政策，助力学生成长成才

家庭是学生最初的生命孕育之地，是孩子人生的第一所学校。不可否认，学校和家庭的最终愿望都是希望学生成为国家的栋梁之材。因此，要做好资助育人工作，必须实现家校联合。通过"学校""家庭"两个教育主阵地双管齐下，传播资助育人好声音，塑造受助学生自尊自信、心怀感恩、励志向上的阳光心态。

（2）让家长知情学生所获资助情况，合理规划学生资助资金

学校可成立"家校合作工作小组"，实现家校互动，让家长知情学生在校期间所获资助，避免部分学生对父母隐瞒自己的资助资金，一边拿着父母每月固定的生活费，一边享受着学校资助。通过家长教育学生要合理规划资助资金，资金要用在生活上、学习上、提升技能上。要让学生了解金钱的来之不易，了解父母的默默付出，让学生将感恩之心付诸于国家、社会、母校和父母的实际行动中。

5. 提高家庭经济困难学生受助后的感恩意识

（1）帮助贫困受助学生正确地理解感恩

感恩不仅可以做到物质和行为上的回报，而且可以做到精神上和心理情感上的回报，要知道其实后者显得更为可贵。若要帮助学生正确地理解感恩，就要引导和教育学生要树立正确认识感恩的心理和行为标准。贫困学生受到资助后虽然基本没有在物质上回报国家及社会，但是他们可以在任何场合、任何事情上发自内心地帮助需要帮助的人，并且积极乐观地对待自己的人生，让学生真正懂得感恩的内涵，从而引导学生树立感恩意识。

（2）重视贫困学生在接受资助前的心理关怀

贫困受助的学生由于家庭贫困，可能会导致他们产生自卑及自闭等不良的心理，若不及时引导，这些不良心理会导致这些贫困学生的思想意识和行为的扭曲，这些心理上的扭曲会让他们缺乏感恩的心，甚至不愿意主动地帮助他人。对于高校而言，在这注重心理健康教育的环境下，辅导员应该特别重视对他们的心理辅导，以此避免或降低这一现象的发生。在日常工作中，辅导员可以通过走访、电话咨询、谈心谈话及贫困生提供的家庭经济情况调查表等方式，主动了解学生的家庭情况及贫困程度等，最重要的是清楚地掌握他们的内心想法。了解学生内心想法后，对于有问题的贫困生帮助他们调整心态、引导他们要以乐观的心态去正

确理解贫困，积极培养他们的乐观的情绪及生活态度。树立学生的感恩意识，首先就要在精神上引导他们脱离贫困的束缚，然后从经济上给予帮助，让学生的感恩意识油然而生。

（3）有针对性地开展感恩教育

调查显示，各类贫困受助学生的家庭环境、家庭经济贫困程度及类型都不相同。如建档立卡户、低保户、孤儿、烈士子女、残疾、遭受重大突发事件以及贫困生本人成绩优秀和成绩一般等。感恩教育应针对个体差异。一般来说，女生的情感温柔细腻及敏感，容易被外界影响；而男生的情感比较外向简单及粗放，很难做到关心细微的事情及情绪，也不善于表达情感。

（4）丰富和创新感恩教育实践活动

学校可以充分利用社交媒体来宣传感恩教育，例如可以用学生常用到的微信、微博、QQ、学校公众号、网站、广播站等方式来达到宣传的目的，去感染每一位贫困受助的学生。除了宣传以外，还可以组织一些活动，比如鼓励贫困受助学生参加志愿者、无偿献血、学雷锋等，贫困受助的学生只有亲自参加实践活动、亲自经历去体验才能够使其真正地理解感恩。培养贫困受助生的感恩情怀，提高贫困受助生的感恩践行能力，营造懂得知恩、感恩、报恩的和谐校园。

（5）每年按期举行奖、助学金发放仪式和表彰大会

每年颁发奖、助学金发放仪式，这不仅宣传了资助政策，而且增加了学生对贫困受助学生的关注。在发放仪式时，安排贫困受助学生中学习优异，积极乐观、懂得感恩的学生来进行代表发言，分享他们的励志过程和感恩故事，传播正能量，并给予积极的肯定和赞赏，让其他学生能够意识到他们是在国家、学校和家人的关爱下成长的，在被关爱的同时，也有责任和义务把爱传递下去，从而形成良好的社会氛围。

（九）构建高校资助育人中心理资助体系[①]

1.以科学精准识别和帮扶为前提的心理资助体系构建

长期以来，精准资助是我国实现教育脱贫的关键手段。在后脱贫时代，高校要持续实施精准资助，亦要突出资助工作的"精细"和"精简"。对家庭经济困

[①] 李晓檬. 后脱贫时代高校资助育人中心理资助体系探究 [J]. 黑龙江科学，2022，13（09）：60-62.

难学生的科学精准识别和认定是高校开展各项资助工作的前提，更是心理资助的工作基础。随着国家对教育资助力度的不断加大，有些高校助学金的种类和额度远远超过了奖学金的种类和额度，且一般为无偿资助。

因此，有些学生罔顾诚信，在申请资助的动机上出现了偏差；还有一些学生的家庭经济环境相对较差，内心自卑、焦虑、敏感、封闭，他们担心申请资助会被看不起，从而会放弃被资助。这些"争贫不争优"或"隐形贫困"的现象较大地影响了高校资助工作的精准度。新时代背景下，高校资助育人工作需要充分利用信息化技术，进一步提高资助的精准性和科学化水平。

目前，已经有越来越多的地区和高校运用"互联网+"、大数据思维，通过制定科学的量化指标体系，对学生是否困难和具体的困难程度进行定量分析，分析校园一卡通消费记录，辅助了解学生的消费习惯。但是，受各方因素影响，线上的"互联网+"大数据只能作为认定过程中的重要参考，线下还需要深入学生班级、宿舍、食堂，进一步调查摸排。通过以学校资助工作人员、辅导员为主的教师队伍和以学生干部、学生代表为辅的学生队伍相互配合，及时发现，精准识别，科学认定，动态管理，规范透明，公平公正，确保每一名家庭经济困难学生都能被妥善资助，避免因资助的不精准引发学生的不良情绪。

2. 以贫困档案与心理健康档案有机结合为基础的心理资助体系构建

资助育人和心理育人作为高校思想政治工作十大育人体系，需要密切联系、相互协作，共同提高育人工作实效。然而，在很多高校的实际工作中，二者往往是各自为战，独立开展工作，为经济困难而资助，为心理问题而辅导，两项重要的育人工作开展分别隶属于学生资助管理中心和心理健康教育中心，同在学生工作框架内，却缺乏有机结合与良性互动，使得高校育人效果受到一定程度的限制。家庭经济困难学生认定和心理健康普查是高校每年在新生入学后的常规工作，对新生的家庭经济情况及心理状况进行摸排，进而建立贫困生档案和心理健康档案。为保护学生隐私，心理健康档案一般由学校心理健康中心收集保存，且只会将有严重心理问题的学生，点对点地反馈给相关辅导员教师，不利于辅导员全面了解学生。

因此，只有将这两项摸排结果有机结合，建立专门针对家庭经济困难学生的心理健康档案，才能够全面掌握他们的家庭情况和心理状况，为心理贫困学生的心理健康教育工作更加科学化和规范化提供保障，提高资助育人工作的针对性和有效性。

3. 以渗透科学有效的心理辅导为重点的心理资助体系构建

科学有效的心理辅导贯穿于资助育人全过程，高校要长期持续地关注家庭经济困难学生在不同资助阶段的心理变化和不同成长阶段的心理状态，按照其心理发展规律，从新生入校到毕业离校，实行动态教育管理，循序渐进地帮助学生改变不良的心理状态。大学新生入学之初，在学习和生活环境以及人际交往等方面往往存在不适应的问题，受家庭经济环境的影响，家庭经济困难学生会比普通学生承受更大的心理压力。因此，在资助前期，应该做好新生的入学适应性教育以及心理压力的疏导，缓解由于经济困难引起的心理不适，帮助他们更好更快地适应大学生活。在资助前期，几乎无条件的经济资助会让很多家庭经济困难学生产生"等、要、靠"的依赖心理，认为受到资助是理所应当的。因此，在资助中期，要格外重视培养学生的感恩、奉献、责任意识以及吃苦耐劳、奋发进取的精神，帮助家庭经济困难学生树立正确的人生观和价值观。在资助后期，应该重视培养学生的自主能动性，最大限度地帮助学生挖掘潜能，发挥自助能力。例如，针对学生在求职中产生的焦虑、受挫感，首先要肯定成绩，提升自信；其次要引导他们学会查找自身不足，根据自身情况设定目标方向，克难奋进，迎接挑战，收获成功。

4. 以健全突发事件心理应急援助机制为保障的心理资助体系构建

家庭遭受自然灾害、家庭突发意外事件是诱发家庭经济困难学生产生心理危机的高危因素，往往给学生带来焦虑、抑郁、紧张等负性情绪和心理障碍，最终导致心理危机的产生，严重影响个人发展。

因此，在化解突发致困风险的策略上，高校在及时给予受困学生经济资助的前提下，还应建立健全学生心理应急援助保障机制，组建专业心理咨询应急响应队伍，并进一步畅通心理求助通道，针对遭受突发事件的学生在心理和生活方面准确介入，提供方便、迅速、有效的心理支持服务，做到咨询无障碍、助困有温度、关怀有温情。

（十）加强大数据①技术在高校资助育人工作中的应用

1. 建立支撑教育费用的数据收集系统

为充分发挥大数据技术在教育支持中的作用，需要寻求支持教育经费的数据采集系统，实现"贫困"与"智慧"的多元化信息融合。以扶贫为基础，结合当前校友评估和教师观察方式，充分利用大数据技术，全面收集数据，为家庭经济困难学生提供信息。建立精准识别指标体系，实现评价指标体系多维度、资金支持多模式、资金支持流程管理功能化。

此外，应关注受资助学生的可持续发展，重点发展学生的职业规划和发展能力发展计划。关注资助学生的心理健康和精神动力，以发展他们的"智力"。需要注意的是，在数据收集、整合和管理过程中，要尊重申请人，保护申请人的隐私。

2. 不断完善大数据条件下的人才培养机制

作为一门交叉学科，大数据科学在其发展过程中包含了数学、计算机科学、数据可视化技术等众多交叉学科，以及其他各个领域的专业知识。无论是基础部署还是相关系统的数据分析和维护，都需要非常专业的数据专家。首先，组织必须非常健全、统一和规范，必须有专业的员工队伍从事大数据工作；其次，要不断加强大数据领域专家的综合培养，促进先进技术与学生资助项目的协同、融合、相互宣传；再次，继续加强专业人才之间的互动，及时引进专家，更换部分不符合岗位需要的相关人员；最后，通过培养大数据团队的创新文化，使资助育人工作与大数据发展同步。

3. 利用大数据技术建立识别不良学生的实用标准

在当今大数据取之不尽、用之不竭的时代，贫困大学生通过技术手段直接寻求帮助，即可获得高校的帮助。数据挖掘技术可以积累学生一段时间内的学校消费数据，设计一套完整的算法来分析所有学生在相同消费频率下的平均每日成本和每餐消费。通过数据情况证明学生的实际消费水平更加客观公正，并结合学生的证明材料，可以有效提高资助的准确性。

---

① 袁家祺. 大数据时代高校学生资助育人探索[J]. 黑龙江人力资源和社会保障，2022（13）：158-160.

当然，在实际操作过程中，要注意保护学生的隐私。高校需要逐步完善助学金日常管理机制，在对低收入学生进行严格审核的同时，跟踪助学金使用情况，利用大数据技术对个人和家庭进行收集和处理。对于学生相关数据的信息，建立动态存储并使用数据进一步确定学生的财务状况。在大数据环境下，利用信息技术对学生的消费行为和消费习惯进行分析，在某些方面可以更准确地评估家庭经济困难。同时，计算机操作可以显著降低劳动力成本、简化财务支持并提高生产力。

参考文献

[1] 甘剑锋. 和谐社会构建中高校贫困生问题研究 [M]. 郑州：黄河水利出版社，2010.

[2] 陈灿芬. 高校贫困大学生现状研究 [M]. 成都：西南交通大学出版社，2010.

[3] 李小鲁等. 高校贫困生资助新视野 [M]. 广州：广东高等教育出版社，2011.

[4] 张光明. 高校学生资助育人工作实践与理论研究 [M]. 长沙：中南大学出版社，2012.

[5] 沈华. 中国高校资助政策与学生行为选择研究 [M]. 北京：中国社会科学出版社，2012.

[6] 彭仲生，罗筑华. 贫困大学生就业问题研究 [M]. 武汉：武汉大学出版社，2014.

[7] 陈永华. 贫困地区高校学生工作的实践与探索 [M]. 广州：中山大学出版社，2014.

[8] 沈东华. 高校贫困生资助体系运行机制研究 [M]. 徐州：中国矿业大学出版社，2014.

[9] 梁国平等. 高校资助育人的探索与实践 [M]. 成都：西南交通大学出版社，2015.

[10] 徐丽红. 社会权利视域下的中国现行高校帮困资助政策研究 [M]. 上海：上海社会科学院出版社，2016.

[11] 周航. 高校学生资助工作精致化管理的探索与实践 [M]. 成都：西南财经大学出版社，2016.

[12] 吴跃东. 高校学生资助政策体系的教育公平问题研究 [M]. 上海：上海三联书店，2016.

[13] 杨庆实. 中国高校学生资助政策体系理论与实践研究 [M]. 北京：中国社会科学出版社，2017.

[14] 罗丽琳. 大数据视域下高校贫困生精准资助研究 [M]. 北京：知识产权出版社，2018.

[15] 王智丽. 新时代学生资助工作研究 [M]. 北京：经济日报出版社，2019.

[16] 季俊杰. 中国高校贫困生精准资助机制研究 [M]. 北京：经济科学出版社，2019.

[17] 王娜. 新时代高校学生资助工作理论与实务 [M]. 北京：中国人民大学出版社，2020.

[18] 李阳，马健津. 精准资助背景下高校资助育人工作思路探究 [J]. 科技风，2020（29）：142-143.

[19] 陈慧. 大思政背景下高校资助育人工作审视与思考 [J]. 教育教学论坛，2020（42）：63-65.

[20] 刘红波. 精准扶贫视角下构建高校资助育人长效机制探究 [J]. 时代经贸，2020（25）：47-48.

[21] 关鑫，袁卫国. 新时期高校资助育人工作机制与实践探索 [J]. 中国轻工教育，2020（04）：62-65.

[22] 周学增，张敬杰，肖德成. "三全育人"视域下高校资助育人工作体系创新研究 [J]. 文化创新比较研究，2021，5（01）：38-40.

[23] 苏电波. 高校资助育人工作存在的问题及建议 [J]. 河北能源职业技术学院学报，2020，20（04）：44-46.

[24] 管金潞. 新时代高校资助育人的价值旨归与质量提升 [J]. 教育观察，2020，9（45）：1-3，35.

[25] 段阿玉，李昊. 教育脱贫攻坚视域下高校资助育人路径探究 [J]. 改革与开放，2020（22）：54-57.

[26] 顾雁飞. 基于"志智双育"视域下高校资助育人实践路径研究 [J]. 黑龙江教育（理论与实践），2021（01）：54-56.

[27] 谭蔚，杜平高. 提升高校资助工作者资助育人能力的探析 [J]. 科学咨询（科技·管理），2020（12）：120.

[28] 孙礼胜. 红色文化教育融入高校资助育人的时代价值与路径探究 [J]. 宁夏大学学报（人文社会科学版），2020，42（06）：169-172.